Mathe:

7. Klasse

Gymnasium und Gesamtschule

Hans Karl Abele

Mit Download für

Der Autor:
Dipl.-Phys. Hans Karl Abele, Lehrtätigkeit in Mathematik und Physik an
verschiedenen Schularten, langjährige Erfahrung als Nachhilfelehrer, Autor
von Lernhilfen und Lernsoftware.

Projektbetreuung: bookwise medienproduktion, München
Redaktion: Mathias Leibold, Dipperz
Layout: Cordula Schaaf, München
Umschlaggestaltung: Design im Kontor – Iris Steiner, München
Zeichnungen: Sabine Völkers, Berlin

© 2009 mentor Verlag GmbH, München

www.mentor.de
www.mentor.de/sehr-gut

Umwelthinweis: Gedruckt auf chlorfrei gebleichtem Papier.

Satz: Daniel Förster, Kaisa
Repro: Lana Repro, Lana
Gesamtherstellung: Druckerei A. Plenk, Berchtesgaden
Printed in Germany

09011

ISBN 978-3-580-65217-3

Inhalt

★ Dieses Sternchen markiert Übungen und Regeln, die etwas anspruchsvoller sind oder nicht überall verlangt werden. Wenn du ganz sicher bist, dass du sie nicht brauchst, kannst du sie überspringen. Ansonsten gilt: Stell dich der Herausforderung!

1

Prozent- und Zinsrechnung

Was heißt „Prozent"? Was sind Zinsen?

Muss man alkoholisiert sein, um „Promille" zu haben?

Möglicherweise hast du die Prozent- und Zinsrechnung schon in der 6. Klasse kennengelernt. Dann ist dieses Kapitel eine Wiederholung für dich.

1.1 Prozentrechnung

Alles klar?! **Rechnen mit Prozentwerten**

„Prozent" heißt Hundertstel.
Es wird abgekürzt mit „%" oder „v. H.".
25 % von 30 € sind 25 Hundertstel von 30 €, also: $\quad \frac{25}{100} \cdot 30\,€ = 7{,}50\,€$

Manche Bruchteile kann man durch Erweitern auf
Nenner 100 in Prozent verwandeln: $\qquad \frac{1}{5} = \frac{20}{100} = 20\,\%$

Die folgenden Bezeichnungen solltest du kennen:

$$\underbrace{25\,\%}_{\text{Prozentsatz}} \quad \text{von} \quad \underbrace{30\ \text{Euro}}_{\text{Grundwert}} \quad \text{sind} \quad \underbrace{7{,}50\ \text{Euro}}_{\text{Prozentwert}}$$

Man kann für die Prozentrechnung folgende Formeln verwenden:

$$\text{Prozentwert} = \frac{\text{Prozentsatz}}{100\,\%} \cdot \text{Grundwert}$$

$$\text{Prozentsatz} = \frac{\text{Prozentwert}}{\text{Grundwert}} \cdot 100\,\%$$

$$\text{Grundwert} = \frac{\text{Prozentwert} \cdot 100\,\%}{\text{Prozentsatz}}$$

Beispiele: a) Prozentwert = 4 Schüler; Grundwert = 32 Schüler;

$$\text{Prozentsatz} = \frac{4}{32} \cdot 100\,\% = \frac{1}{8} \cdot 100\,\% = 12{,}5\,\%$$

b) Prozentsatz = 5 %; Grundwert = 120 €;

$$\text{Prozentwert} = \frac{5\,\%}{100\,\%}\,€ \cdot 120\,€ = \frac{1}{20} \cdot 120\,€ = 6\,€$$

c) Prozentwert = 60 km; Prozentsatz = 12 %;

$$\text{Grundwert} = \frac{60\,\text{km} \cdot 100\,\%}{12\,\%} = 500\,\text{km}$$

d) Alter Wert = 150 kg; Erhöhung um 10 %;
      Anstatt 10 % zu addieren, kann man gleich 110 % berechnen:

$$\text{Neuer Wert} = \frac{110\,\%}{100\,\%} \cdot 150\,\text{kg} = 1{,}1 \cdot 150\,\text{kg} = 165\,\text{kg}$$

Ebenso möglich ist eine Prozentrechnung mit Zweisatz oder Dreisatz:

zu Beispiel a):

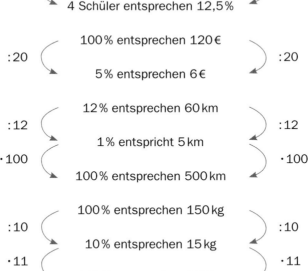

32 Schüler entsprechen 100%

:8

4 Schüler entsprechen 12,5%

:8

zu Beispiel b):

100% entsprechen 120€

:20

5% entsprechen 6€

:20

zu Beispiel c):

12% entsprechen 60 km

:12

1% entspricht 5 km

·100

100% entsprechen 500 km

:12

·100

zu Beispiel d):

100% entsprechen 150 kg

:10

10% entsprechen 15 kg

·11

110% entsprechen 165 kg

:10

·11

Übung 1   **Verwandle in Prozent:**

a) $\dfrac{3}{4} =$ _____ %

b) $\dfrac{9}{10} =$ _____ %

c) $\dfrac{7}{20} =$ _____ %

d) $\dfrac{1}{25} =$ _____ %

e) $1 =$ _____ %

f) $1,2 =$ _____ %

Übung 2   **Verwandle in einen vollständig gekürzten Bruch:**

a) $10\% =$

b) $12\% =$

c) $0,1\% =$

d) $75\% =$

e) $90\% =$

f) $130\% =$

Übung 3 Schätze zuerst den prozentualen Anteil der farbigen Fläche und bestimme ihn dann genau durch Abzählen der Kästchen.

a) b)

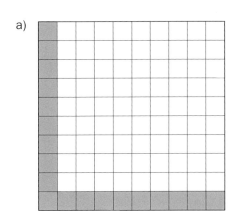

geschätzt: %   genau: %   geschätzt: %   genau: %

Übung 4 Ergänze die fehlenden Werte.

	Prozentsatz	Grundwert	Prozentwert
a)	4 %	127 €	
b)	3,5 %		42 Personen
c)	110 %	35 000 €	
d)		2 400 kg	30 kg
e)	4,5 %		99 Tage
f)		70 000 €	70 700 €

Übung 5 Schlussverkauf: Alle Preise um 25 % reduziert! Berechne die neuen Preise, möglichst ohne zu subtrahieren.

	Artikel	Preis vorher	Preis / Schlussverkauf
a)	Jacke	128 €	
b)	Hose	54 €	
c)	Hemd	35 €	

Übung 6   **Preiserhöhung um 3 % ! Berechne die neuen Preise, möglichst ohne zu addieren. Runde auf ganze €.**

	Artikel	alter Preis	neuer Preis
a)	CD-Spieler	79 €	
b)	Farbfernseher	499 €	
c)	PC	790 €	

Übung 7   **Drücke in Prozent aus.**

a) 40 cm sind ▢ % von 1,6 m.

b) 50 Cent sind ▢ % von 4 000 €

c) 70 g sind ▢ % von 2 kg

d) 420 m sind ▢ % von 5 km

Übung 8   **Um wie viel Prozent vergrößert sich der Flächeninhalt?**

a) Bei einem Rechteck betragen die Seiten zuerst 4 cm und 5 cm. Danach werden sie jeweils um 1 cm verlängert. Der Flächeninhalt vergrößert sich um ▢ % .

b) Bei einem Quadrat werden die Seiten um 10 % verlängert. Der Flächeninhalt vergrößert sich um ▢ %.

Alles klar?!   **„Promille" (‰) heißt Tausendstel. 1 ‰ = 0,1 %**

Beispiel: Einem Blutalkoholspiegel von 0,5 ‰ entspricht ein Gehalt von 0,05 % Alkohol im Blut.

Übung 9 **Von 7 Millionen Wählern wählen 9‰ eine Splitterpartei. Wie viele Wähler sind das?**

Antwort: _____ Wähler

Übung 10 **Wie viel sind 20 % von 20 %? Kreuze schnell die richtige Antwort an.**

☐ 20‰   ☐ 4 %   ☐ 4‰

Übung 11 ★ **Eine Knobelaufgabe**

70 % der Schüler einer Klasse fahren Snowboard, 30 % fahren Ski und 15 % fahren sowohl Snowboard als auch Ski.

a) ____ % der Klasse fahren weder Snowboard noch Ski.

b) Die Klasse hat mindestens ____ Schüler.

Professor zu seinen Studenten: „80 % von euch haben das Prozentrechnen immer noch nicht verstanden!"
Stimme aus dem Hörsaal: „Aber so viele sind wir doch gar nicht!"

1.2 Zinsrechnung

Alles klar?! **Berechnung von Zinsen und Zinssatz**

Verleiht man Geld (Kapital), zum Beispiel an eine Bank, erhält man dafür
eine Belohnung, genannt **Zinsen**. Beträgt der Zeitraum 1 Jahr, spricht man
von Jahreszinsen. Die Jahreszinsen betragen einen bestimmten Prozentsatz
(genannt **Zinssatz**) des Kapitals.
Umgekehrt kann man sich bei der Bank Geld leihen (einen Kredit aufnehmen) und zahlt
dafür Zinsen.

Beispiel: Eine Bank zahlt für ein Sparkonto 1,5 % Zinsen (Zinssatz = 1,5 %).
Das heißt: Bei einem Guthaben von 100 € erhält man am Ende des Jahres
1,50 € Zinsen, die zum Guthaben addiert werden.

Wenn wir „Prozentwert" durch
„Jahreszinsen", „Prozentsatz"
durch „Zinssatz" und „Grundwert"
durch „Kapital" ersetzen, erhalten
wir aus den Formeln der Prozentrechnung folgende Zinsformeln:

$$\text{Jahreszinsen} = \frac{\text{Zinssatz}}{100\,\%} \cdot \text{Kapital}$$

$$\text{Zinssatz} = \frac{\text{Jahreszinsen}}{\text{Kapital}} \cdot 100\,\%$$

$$\text{Kapital} = \frac{\text{Jahreszinsen} \cdot 100\,\%}{\text{Zinssatz}}$$

Beträgt der Zeitraum nicht 1 Jahr, sondern eine bestimmte
Anzahl von Tagen, müssen die Jahreszinsen mit dem Zeitfaktor $\frac{\text{Anzahl Tage}}{360}$
multipliziert werden, und wir erhalten:

$$\text{Zinsen} = \frac{\text{Anzahl Tage}}{360} \cdot \frac{\text{Zinssatz}}{100\,\%} \cdot \text{Kapital}$$

Dabei wird der Monat zu 30 Tagen, das Jahr zu 360 Tagen gerechnet. Der Einzahltag wird
für die Verzinsung mitgezählt, der Auszahltag nicht.

Beispiel: Frau Maier nimmt einen Kredit von 3000 € für 20 Tage in Anspruch.
Wie viel Zinsen muss sie bei einem Zinssatz von 15 % zahlen?

$$\text{Zinsen} = \frac{20}{360} \cdot \frac{15\,\%}{100\,\%} \cdot 3000\,€ = 25,00\,€$$

Frau Maier muss also 25,00 € Zinsen zahlen.

Übung 1 **Berechne den fehlenden Wert.**

Kapital	Zinssatz	Jahreszinsen
20 000 €	4,5 %	
8000 €		500 €
	2 %	44 €

Übung 2 **Eine Sparkasse zahlt für ein Sparguthaben in den ersten beiden Jahren zunächst 1 % Zinsen, ab dem dritten Jahr nur noch 0,5 %. Ergänze die Tabelle.**

Jahr	Guthaben	Zinsen am Jahresende
1	5000,00 €	
2		
3		
4		

Übung 3 **Herr Lang will sich für ein Jahr 8000 € leihen. Er hat drei Angebote.**

1. Angebot: Zinssatz 6,5 %
2. Angebot: Zinssatz 5 % plus 150 €
   Bearbeitungsgebühr
3. Angebot: Rückzahlung nach einem
   Jahr 8500 €

Für welches Angebot soll er sich
entscheiden?

1. Angebot

2. Angebot

3. Angebot

Alles klar?! **Berechnung des neuen Guthabens ohne Berechnung von Jahreszinsen**

Bei jährlicher Verzinsung kann man, anstatt p% Zinsen zu addieren, auch das Kapital (Guthaben) mit dem Zinsfaktor $(1 + \frac{p}{100})$ multiplizieren. Eine Addition von 5% Zinsen entspricht einer Multiplikation mit dem Faktor 1,05.

Übung 4 **Die Dorisbank wirbt mit „4% Zinsen bei vierteljährlicher Zinszahlung"**
auf ihrem Topzinskonto.

a) Welches Guthaben hat man am Jahresende auf dem Topzinskonto, wenn das Guthaben bei Jahresbeginn 1000€ betrug?

Antwort: _____ €

b) Mit welchem Zinssatz würde man bei jährlicher Verzinsung den gleichen Zuwachs erreichen?

Antwort: ____ %

Übung 5 **Berechne die Zinsen.**

Wenn ein Kapital von 4000€ am 1.3. eingezahlt und am 10.6. des gleichen Jahres wieder abgehoben wird, dann erhält man bei einem Zinssatz von 3% _____ € Zinsen.

Übung 6 **Du kannst einen Taschenrechner verwenden.**

Aus einem Guthaben von 10 000€ wird bei einem Zinssatz von 5% nach 6 Jahren ein Guthaben von _____ €.

Abschlusstest (15 Minuten)

STOPP!
Zuerst die Lernkärtchen
durcharbeiten!

Aufgabe 1 Berechne den Zinssatz bzw. die Zinsen.

a) 3 Schüler von 20 Schülern entsprechen einem Anteil von ⬜ %.

b) Jahreszinsen von 250 € bei einem Zinssatz von 5 % erhält man bei
einem Kapital von ⬜ €.

c) Bei einem Kredit von 7000 €, der mit 6 % verzinst wird, muss man ⬜ €
Jahreszinsen zahlen.

Punkte: ⬜ von 3

Aufgabe 2 Möchtest du lieber $\frac{1}{8}$ oder 12 % eines Kuchens?
Füge das richtige Zeichen ein (>, = oder <).

$\frac{1}{8}$ ⬜ 12 %

Punkte: ⬜ von 2

Aufgabe 3 Eine Lederjacke kostet zunächst 200 €, dann wird der Preis
um 5 % erhöht. Später wird der Preis um 5 % reduziert. Danach kostet die Jacke

⬜ 200,00 €   ⬜ 199,50 €   ⬜ 201,50 €

Punkte: ⬜ von 2

Aufgabe 4 Auf deinem Sparkonto liegen bei Jahresbeginn 200,00 €.
Der Zinssatz beträgt im ersten Halbjahr 0,8 %, im zweiten Halbjahr 1,2 %.

Dann beträgt der Kontostand am Jahresende ⬜ €.

Punkte: ⬜ von 3

Gesamtpunktzahl: ⬜ von 10 Punkten

9 – 10 Punkte: Bravo!
6 – 8 Punkte: Es ist noch kein Meister vom Himmel gefallen. Schaue dir
                 noch einmal die Aufgaben an, bei denen du Fehler gemacht hast.
0 – 5 Punkte: Du solltest dieses Kapitel noch einmal durcharbeiten.

Rechnen mit rationalen Zahlen

Die Zahlen, die wir zum Zählen verwenden, heißen
natürliche Zahlen. Sie werden in der Menge $\mathbb{N}$ der
natürlichen Zahlen zusammengefasst: $\mathbb{N} = \{1; 2; 3; ...\}$.
Nimmt man die Null sowie die negativen Zahlen
hinzu, so erhält man die Menge $\mathbb{Z}$ der ganzen Zahlen:
$\mathbb{Z} = \{0; 1; -1; 2; -2; 3; -3; ...\}$
Nimmt man die positiven und negativen Bruchzahlen
hinzu, erhält man die Menge $\mathbb{Q}$ der rationalen Zahlen.
Rationale Zahlen sind zum Beispiel: -5; $-1\frac{1}{2}$; $-0{,}7$; 0;
$0{,}\overline{3}$; $\frac{3}{4}$; 1; $2{,}5$.

2.1 Anordnen, Vergleichen, Betrag

Alles klar?! **Rationale Zahlen auf der Zahlengeraden**

Rationale Zahlen kann man auf der Zahlengeraden anordnen. Eine Zahl a ist kleiner als eine Zahl b (a < b), wenn a auf der Zahlengeraden links von b steht.

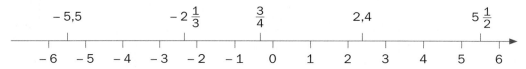

Beispiel: Es gilt z. B. $-5 < -3 < 0 < 3 < 5$

Betrag: Der Abstand einer Zahl a von der Null auf der Zahlengeraden heißt **Betrag** der Zahl. Symbol: |a|, gelesen: Betrag von a.
Beispiele: $|-2| = 2$ $|+2| = 2$ $|0| = 0$
Der Betrag einer rationalen Zahl ist stets eine nichtnegative Zahl (d. h. positiv oder null).

Gegenzahl: Zahlen mit gleichem Betrag, aber verschiedenem Vorzeichen heißen **Gegenzahlen**.
Beispiele: $+4$ ist Gegenzahl von -4. -4 ist Gegenzahl von $+4$.

Übung 1 **Trage in die Kästchen an der Zahlengeraden folgende rationalen Zahlen ein:**

a) $1,5$; $-4\frac{2}{3}$; -7; $-4,5$; $-1,6$; $3\frac{3}{4}$

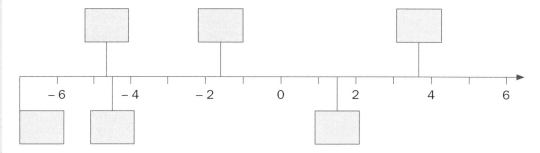

Übung 2 **Ergänze das richtige Zeichen (<, > oder =).**

a) -7 ⬜ 1

b) $1,5$ ⬜ $-4\frac{2}{3}$

c) $-1,6$ ⬜ $1,5$

d) 0 ⬜ -7

e) $4,5$ ⬜ $4\frac{1}{2}$

f) $-4,5$ ⬜ $-4\frac{2}{3}$

Übung 3   Kreuze an, in welchen Zahlenmengen die genannte Zahl enthalten ist.

	$\mathbb{N}$	$\mathbb{Z}$	$\mathbb{Q}$
-3			
$-\frac{1}{3}$			
$3,7$			
2			
$0,\overline{9}$			

Übung 4   Ordne die Zahlen nach ihrer Größe.

a) -3; $1,5$; $0,2$; $-0,5$; 0; -10

      <   <   <   <   <

b) $-\frac{1}{3}$; $-0,3$; -1; $-1\frac{1}{3}$; 0; -2

      <   <   <   <   <

Übung 5   Welche Zahl ist ...

a) um 1 größer als -30 ?   Antwort:

b) um 1 kleiner als -20 ?   Antwort:

c) um 1 kleiner als $-\frac{1}{2}$?   Antwort:

d) um 10 größer als -10 ?   Antwort:

Übung 6   Bilde die Gegenzahl.

a) Gegenzahl von -13 ist   b) Gegenzahl von 11 ist

Übung 7   Bilde den Betrag.

a) $|5| =$ b) $|-13| =$ c) $|7-4| =$ d) $\left|-1\frac{1}{3}\right| =$

Übung 8   Welche zwei Lösungen hat die Gleichung?
Fasse sie in der Lösungsmenge $\mathbb{L}$ zusammen.

a) $|x| = 5$ $\mathbb{L} =$

b) $|x| = 1$ $\mathbb{L} =$

2.2 Addieren und Subtrahieren

Alles klar?! Addieren und Subtrahieren mit der Zahlengeraden

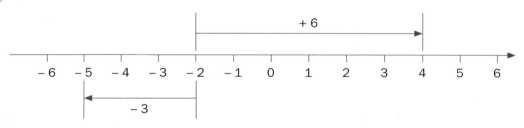

An der Zahlengeraden kann man ablesen: $-2 + 6 = 4$
$$-2 - 3 = -5$$

Addieren
1. Zahlen mit gleichem Vorzeichen werden addiert, indem man ihre Beträge addiert und das gemeinsame Vorzeichen hinzufügt.
2. Zahlen mit verschiedenen Vorzeichen werden addiert, indem man den kleineren Betrag vom größeren Betrag subtrahiert und das Vorzeichen der Zahl mit dem größeren Betrag hinzufügt.

Beispiele: $(-3) + (-5) = -(3 + 5) = -8$
$(-3) + (+5) = +(5 - 3) = 2$
$(-5) + (+3) = -(5 - 3) = -2$

Subtrahieren
Statt eine Zahl zu subtrahieren, addiert man ihre Gegenzahl.

Beispiele: $-3 - 5 = (-3) + (-5) = -(3 + 5) = -8$
$3 - 10 = (+3) + (-10) = -(10 - 3) = -7$
$3 - (-5) = 3 + 5 = 8$

Addieren und Subtrahieren mit null
$a + 0 = 0 + a = a$; $a - 0 = a$; $0 - a = -a$

Übung 1 Addiere.

a) $(-10) + (-5) =$

b) $(+5) + (-11) =$

c) $(-10) + (+5) =$

d) $(-2) + (-5) =$

e) $(+\frac{1}{2}) + (-5) =$

f) $(+\frac{1}{3}) + (+\frac{1}{4}) =$

Übung 2 **Ergänze und berechne.**

a) $6 - 10 = (+\,6) + ($ _____ $) = $ _____

b) $-\,11 - 22 = (-\,11) + ($ _____ $) = $ _____

c) $6 - (-\,15) = (+\,6) + ($ _____ $) = $ _____

d) $1{,}7 - 3{,}0 = (+\,1{,}7) + ($ _____ $) = $ _____

Alles klar?! **Schreibweise mit und ohne Klammern**

$(+\,a) + (+\,b) = a + b$ $\qquad$ $(-\,a) + (+\,b) = -\,a + b$

$(+\,a) + (-\,b) = a - b$ $\qquad$ $(-\,a) + (-\,b) = -\,a - b$

Kommutativgesetz der Addition: $a + b = b + a$

Assoziativgesetz der Addition: $(a + b) + c = a + b + c = a + (b + c)$

Übung 3 **Berechne.**

a) Rechne linke Zahl plus obere Zahl und fülle die Felder aus.

+	− 20	− 11	6,5
− 10			
− 1			
$\frac{1}{4}$			

b) Rechne linke Zahl minus obere Zahl und fülle die Felder aus.

−	− 20	− 11	6,5
− 10			
− 1			
$\frac{1}{4}$			

b) Rechne obere Zahl minus linke Zahl und fülle die Felder aus.

−	− 20	− 11	6,5
− 10			
− 1			
$\frac{1}{4}$			

Übung 4 **Rechne möglichst geschickt unter Verwendung von Assoziativ- oder Kommutativgesetz.**

a) $(4{,}9 - 11{,}5) - 4{,}9 = $ _____

b) $-\,9{,}8 - 3{,}7 - 0{,}2 = $ _____

c) $\frac{1}{7} + \left(-\,\frac{1}{6} - \frac{1}{7}\right) = $ _____

Übung 5 **Bei einem Konto mit Kontostand + 250 € werden zuerst 400 € abgehoben, dann 50 € eingezahlt.**

Der neue Kontostand beträgt _____ €.

2.3 Multiplizieren und Dividieren

 Alles klar?! Multiplizieren und Dividieren von rationalen Zahlen

Man multipliziert / dividiert die Beträge und bestimmt das Vorzeichen wie folgt:

$(+) \cdot (+) = (+)$ $(+):(+) = (+)$ $a \cdot 0 = 0 \cdot a = 0$;

$(+) \cdot (-) = (-)$ $(+):(-) = (-)$ $0:a = 0$ (falls $a \neq 0$);

$(-) \cdot (+) = (-)$ $(-):(+) = (-)$ $a:0$ ist nicht definiert.

$(-) \cdot (-) = (+)$ $(-):(-) = (+)$

Beispiele: $\dfrac{2}{3} \cdot \dfrac{5}{7} = \dfrac{10}{21}$ $\dfrac{2}{3}:\dfrac{5}{7} = \dfrac{2}{3} \cdot \dfrac{7}{5} = \dfrac{14}{15}$

$10 \cdot (-2) = -20$ $10:(-2) = -5$

$-0,05 \cdot 100 = -5$ $-0,05:100 = -0,0005$

$-0,3 \cdot (-0,4) = 0,12$ $-0,3:(-0,4) = 0,75$

$0 \cdot 17 = 0$ $0:17 = 0$

Kommutativgesetz der Multiplikation: $a \cdot b = b \cdot a$

Assoziativgesetz der Multiplikation: $(a \cdot b) \cdot c = a \cdot b \cdot c = a \cdot (b \cdot c)$

Beispiel: $2 \cdot [17 \cdot (-5)] = 2 \cdot 17 \cdot (-5) = 2 \cdot (-5) \cdot 17 = -10 \cdot 17 = -170$

 Übung 1   **Multipliziere und dividiere folgende Zahlen.**

a) Rechne linke Zahl mal obere Zahl und fülle die Felder aus.

·	− 20	− 1,1	6
− 10			
− 1			
$\dfrac{1}{3}$			

b) Rechne linke Zahl geteilt durch obere Zahl und fülle die Felder aus.

:	− 20	− 1,1	6
− 10			
− 1			
$\dfrac{1}{3}$			

b) Rechne obere Zahl geteilt durch linke Zahl und fülle die Felder aus.

:	− 20	− 1,1	6
− 10			
− 1			
$\dfrac{1}{3}$			

Übung 2 Rechne möglichst geschickt unter Verwendung von Assoziativ- oder Kommutativgesetz.

a) $\frac{2}{3} \cdot (-5) \cdot \frac{3}{2} =$

b) $5 \cdot 4 \cdot 3 \cdot 2 \cdot \frac{1}{5} \cdot \left(-\frac{1}{4}\right) \cdot \frac{1}{3} \cdot \frac{1}{2} =$

c) $25 \cdot [(-4) \cdot 37] =$

Alles klar?! Potenzen

Es gilt: $a^1 = a$
$a^2 = a \cdot a$
$a^n = a \cdot a \ldots \cdot a$ mit n Faktoren a

Die Hochzahl heißt auch **Exponent**, die untere Zahl heißt **Basis** der Potenz.

Beispiel: $(-3)^4 = (-3) \cdot (-3) \cdot (-3) \cdot (-3) = 81$
dagegen: $-3^4 = -(3^4) = -81$ Beachte den Unterschied!

Übung 3 Potenzen von negativen Zahlen.

a) Berechne: $(-2)^1 =$

$(-2)^2 =$

$(-2)^3 =$

$(-2)^4 =$

$(-2)^5 =$

b) Vervollständige die Sätze:

Eine Potenz einer negativen Zahl ist positiv, wenn

Eine Potenz einer negativen Zahl ist negativ, wenn

Übung 4 Berechne die Potenz.

a) $0^4 =$ b) $(-1)^3 =$ c) $(-10)^2 =$ d) $(0{,}1)^2 =$

e) $1^{17} =$ f) $(-13)^2 =$ g) $\left(\frac{1}{2}\right)^3 =$ h) $\left(-\frac{2}{3}\right)^2 =$

2.4 Verbindung der Rechenarten

Alles klar?! **Beim Rechnen mit rationalen Zahlen gelten folgende Vorfahrtsregeln:**

- Potenzrechnung vor Punktrechnung und Punktrechnung vor Strichrechnung
- Klammern zuerst ausrechnen
- Bei verschachtelten Klammern zuerst die inneren (runden) Klammern, dann die äußeren (eckigen) Klammern ausrechnen

Beispiele:

$2 - 3 \cdot (-5) = 2 + 15 = 17$

$5 : 10 - 3 : 5 = 0{,}5 - 0{,}6 = -0{,}1$

$(3 - 10) \cdot (2 + 5) = -7 \cdot 7 = -49$

$[2 - (3 - 4)] : (-10) = [2 - (-1)] : (-10) = 3 : (-10) = -0{,}3$

Übung 1 **Beachte die Vorfahrtsregeln.**

a) $2 + 3 \cdot (-4) : 6 =$

b) $-12 : 10 - 0{,}2 \cdot 3 =$

c) $\frac{1}{3} - \frac{1}{4} : \frac{1}{5} =$

d) $-\frac{1}{2} \cdot \frac{1}{3} + \frac{1}{4} \cdot \frac{1}{5} =$

e) $2 \cdot (3 - 4) - 3 \cdot (4 - 5) =$

f) $[1{,}2 \cdot (-3 + 8) - 1{,}4 : 1{,}4] : (-5) =$

g) $5 \cdot [(3 - 7)^2 - 2^3] =$

h) $\dfrac{2 \cdot (-6) - 4 \cdot (-3)}{4 - 5} =$

i) $\dfrac{\frac{1}{3} + 1}{\frac{1}{3} - 1} =$

Übung 2 **Rechne wie angegeben.**

a) Multipliziere die Summe der Zahlen (-10) und 5 mit (-13).   Ergebnis:

b) Multipliziere die Differenz der Zahlen 2 und 10 mit der Summe der Zahlen 20 und 80.   Ergebnis:

c) Multipliziere das Achtfache der Zahl 1,2 mit $(-0{,}1)$ und addiere $(-0{,}04)$.   Ergebnis:

d) Berechne den Betrag der Summe aus $\left(-\frac{3}{4}\right)$ und $\frac{1}{3}$.   Ergebnis:

e) Berechne das Neunfache der dritten Potenz von $\frac{1}{3}$.   Ergebnis:

f) Subtrahiere das Quadrat von (-10) vom Quotienten aus den Zahlen 1000 und 10.   Ergebnis:

Alles klar?! **Distributivgesetz**

Auch für rationale Zahlen gilt das **Distributivgesetz**:
$a \cdot (b + c) = a \cdot b + a \cdot c$ $(a + b) : c = a : c + b : c$

Übung 3 **Rechne möglichst geschickt unter Verwendung des Distributivgesetzes.**

a) $13 \cdot (- 7) + 17 \cdot (-7) =$ b) $5 : 13 - 17 : 13 - 15 : 13 + 1 : 13 =$

Übung 4 **Hier wird bewiesen, dass 60 = 600. Oder etwa nicht?**
Wenn du einen Fehler findest, streiche ihn an.

$60 = 10 \cdot 6 = 10 \cdot (3 \cdot 2) = 30 \cdot 20 = 600$

Übung 5 **Wahr oder falsch?**

a) Betragstriche sind immer Positivmacher.

    wahr   falsch

b) Ein Produkt aus drei negativen Faktoren ist negativ.

    wahr   falsch

c) Multipliziert man zwei ganze Zahlen miteinander, erhält man eine ganze Zahl.

    wahr   falsch

d) Das Produkt von zwei rationalen Zahlen ist stets größer als die einzelnen Faktoren.

    wahr   falsch

e) Jede rationale Zahl kann man durch einen endlichen Dezimalbruch darstellen.

    wahr   falsch

Übung 6 **Das Jahr der Mathematik**

Wann war noch mal das Jahr der Mathematik? Du kannst die Jahreszahl leicht selbst ausrechnen. Du brauchst dazu nur die Mathe-Note aus deinem letzten Zeugnis. Subtrahiere 10
von der Note und quadriere das Ergebnis. Subtrahiere davon das Quadrat der Summe aus
der Note und der Zahl 10. Multipliziere das Ergebnis mit (– 50). Teile durch die Note.

Jetzt musst du nur noch 8 addieren, und fertig ist die Jahreszahl, nämlich: .

STOPP!
Zuerst die Lernkärtchen durcharbeiten!

Abschlusstest (15 Minuten)

Aufgabe 1 **Ein Aufzug eines Bergwerks fährt zuerst von +200 m bis −800 m, dann bis −400 m.**

Er legt dabei eine Gesamtstrecke von ▢ m zurück.   Punkte: ▢ von 2

Aufgabe 2 **An einem Wintertag wurden folgende Temperaturen in °C gemessen:**

0 h	3 h	6 h	9 h	12 h	15 h	18 h	21 h
− 4,8	− 5,2	− 6,0	−2,4	1,2	2,7	0,3	− 1,0

Die Durchschnittstemperatur betrug ▢ °C.   Punkte: ▢ von 2

Aufgabe 3 **Berechne.**

a) $(+ 3) - (+ 2) - (- 10) + (- 12) + (+ 5) =$ ▢

b) $- 1,1 + 5,6 - 4,7 - 3,2 + 10 =$ ▢   c) $\frac{1}{3} - \frac{1}{2} - \frac{1}{4} =$ ▢

Punkte: ▢ von 3

Aufgabe 4 **Berechne unter Beachtung der „Vorfahrtsregeln".**

a) $3 + 4 \cdot (- 5) - 6 : (- 3) - 11 \cdot 0 =$ ▢

b) $[1,1 - (3,4 - 7,8)] : (- 11) =$ ▢   c) $\left(\frac{1}{2} - 5\right) \cdot \left(- \frac{1}{3}\right)^{2} =$ ▢

Punkte: ▢ von 3

Aufgabe 5 **Berechne.**

a) Dividiere das Produkt von 3 und (− 4) durch (− 6).   Ergebnis: ▢

b) Multipliziere die Summe von (− 8) und (− 9) mit (− 10).   Ergebnis: ▢

Punkte: ▢ von 2

Gesamtpunktzahl: ▢ von 12 Punkten

11−12 Punkte: Bravo!

 7−10 Punkte: Es ist noch kein Meister vom Himmel gefallen.

  0−6 Punkte: Du solltest dieses Kapitel noch einmal durcharbeiten.

Terme

Kann man mit Buchstaben rechnen? Was ergibt zum Beispiel 2a + 3a? Bei allgemeingültigen Formeln haben wir schon Buchstaben verwendet, zum Beispiel beim Kommutativgesetz: a + b = b + a. Dabei sind a und b Platzhalter für beliebige rationale Zahlen.

3.1 Terme mit Variablen

Alles klar?! **Variable und Terme**

Als **Variable** bezeichnet man Buchstaben, die als Platzhalter für eine Zahl oder eine Größe verwendet werden. Eine Zahl oder eine Variable ist ein **Term**. Auch eine Summe, eine Differenz, ein Produkt oder ein Quotient von Termen ist ein Term.

Beispiel: Terme sind zum Beispiel: $5, 7 + a, b \cdot c, 2 \cdot x^2$ Dagegen ist $\{1, 2, 3\}$ kein Term, sondern eine Menge.

Zur Schreibweise von Termen:
- Malpunkte vor Variablen oder Klammern lässt man meistens weg.
- Nicht weglassen darf man Malpunkte zwischen Zahlen.
- Quotienten schreibt man bevorzugt als Bruchterme, z. B. $\frac{a+b}{c}$ statt $(a + b):c$
- Bei Produkttermen ist es üblich, Zahlen zuerst und Buchstaben in alphabetischer Reihenfolge zu setzen, z. B. $2 \cdot a \cdot b^2 = 2ab^2$
- Der Faktor 1 wird weggelassen; statt 1a schreibt man a.

Beispiele: a) Der Term für das Volumen eines Quaders mit den Kantenlängen a, b und c lautet: $V = a \cdot b \cdot c = abc$

b) Der Term $(a + b) \cdot c$ ist ein Produkt. Der erste Faktor ist die Summe aus a und b, der zweite Faktor ist c.

c) Von x soll die Summe aus y und z subtrahiert werden. Der Term heißt: $x - (y + z)$. Beachte: Wenn mit einer Summe oder Differenz etwas geschieht, muss diese zunächst in Klammern gesetzt werden.

Übung 1   **Streiche alle überflüssigen Punkte durch.**

a) $2 \cdot x \cdot y$ b) $a \cdot (b \cdot c)$ c) $5 \cdot a \cdot b : c$

d) $(a + b) \cdot y \cdot z$ e) $10 \cdot 2 \cdot a$ f) $2 \cdot \frac{1}{2}$

Übung 2   **Bilde neue Terme mit $T_1 = a + b$ und $T_2 = c$.**

a) $T_3 = T_2 - T_1 =$ b) $T_4 = 10 \cdot T_1 =$

c) $T_5 = T_2 \cdot T_1 =$ d) $T_6 = (T_1 - T_2)^2 =$

Übung 3 Gib an, ob es sich um eine Summe, eine Differenz, ein Produkt oder einen Quotienten handelt.

a) $2 \cdot (x + 3)$ Der Term ist

b) $(a + b) - (c - 6)$ Der Term ist

c) $x : (y + 1)$ Der Term ist

d) $ab + c$ Der Term ist

Übung 4 Bilde den Term nach der Anweisung.

a) Die Summe aus a und 5 wird mit der Differenz aus a und 5 multipliziert.   Term:

b) Der Term ist das Produkt der Summe aus y und z mit 100.   Term:

c) Der Term ist ein Bruch mit dem Produkt von a und b im Zähler und der Summe von a und b im Nenner.   Term:

Übung 5 Terme aus der Geometrie.

a) Umfang eines Dreiecks mit den Seiten a, b und c: $u =$

b) Umfang eines Rechtecks mit den Seiten a und b: $u =$

c) Flächeninhalt eines Rechtecks mit den Seiten a und b: $A =$

d) Jede Seite a eines Quadrats wird um x verlängert. Neuer Flächeninhalt: $A =$

e) Eine Pyramide hat Grundkantenlänge a und Seitenkantenlänge s. Die Summe aller Kantenlängen beträgt: $l =$

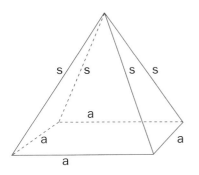

3.2 Berechnung von Termwerten

 Alles klar?! **Division von Brüchen**

Bei Termen ohne Variable kann sofort der **Termwert** angegeben werden, z. B. T = 2 − 0,5; T = 1,5
Der Wert eines Terms mit einer Variablen kann bestimmt werden, wenn für die Variable
eine Zahl eingesetzt wird. Man sagt: Die Variable wird mit einer Zahl belegt, z. B. $T(x) = x^2 + 1$
Die Variable x wird mit der Zahl 3 belegt. Der Termwert ist dann: $T(3) = 3^2 + 1 = 10$
Oft wird eine Variable mit Zahlen aus einer Grundmenge G belegt.

Beispiel: $T(x) = x^2 + 1$
Die Variable soll mit Zahlen aus der Menge G = {−2; −1; 0; 1; 2} belegt werden.

x	− 2	− 1	0	1	2
$T(x) = x^2 + 1$	5	2	1	2	5

 Übung 1 **Berechne die Termwerte.**

x	− 2	− 1	0	$\frac{1}{3}$	2,5
$T_1(x) = 2x - 1$					
$T_2(x) = |x - 1|$					
$T_3(x) = x^3$					
$T_4(x) = \dfrac{x + 2}{- 2}$					
$T_5(x) = \dfrac{5 - 2x}{x - 3}$					

 Übung 2 **Für welche Belegung aus G = {− 2; − 1; 0; 1; 2} haben die folgenden
Terme den kleinsten Termwert T_{min} ? Gib jeweils T_{min} und x an.**

a) $T = x^2 + 1$ $\qquad$ $T_{min} =$ $\qquad$ für x =

b) $T = |x - 1|$ $\qquad$ $T_{min} =$ $\qquad$ für x =

c) $T = x^2 - 4x + 4$ $\qquad$ $T_{min} =$ $\qquad$ für x =

 Übung 3 **Für welche Belegung aus G = {− 2; − 1; 0; 1; 2} haben die folgenden
Terme den größten Termwert T_{max} ? Gib jeweils T_{max} und x an.**

a) $T = 1 - 5x$ $\qquad$ $T_{max} =$ $\qquad$ für x =

b) $T = 5 - x^2$ $\qquad$ $T_{max} =$ $\qquad$ für x =

c) $T = - (x - 2)^2$ $\qquad$ $T_{max} =$ $\qquad$ für x =

Übung 4 Rechne möglichst geschickt unter Verwendung von Assoziativ- oder Kommutativgesetz. Die Termwerte in der letzten Zeile sind leider durcheinander geraten. Ordne sie in der dritten Zeile richtig an.

a	-2	-1	$-\frac{1}{2}$	$-\frac{1}{4}$	0	0,5
b	1	0	-2	0,25	$-\frac{7}{13}$	$-\frac{1}{3}$
$T(a, b) = a^2 - 2ab + \frac{3}{4}a$						
Termwerte	$0;$	$-1\frac{1}{2};$	$\frac{23}{24};$	$0;$	$-2\frac{1}{8};$	$\frac{1}{4}$

Übung 5 Für die Variable n dürfen natürliche Zahlen eingesetzt werden.

a) Welche besondere Eigenschaft haben Zahlen der Form $2n$?

Antwort: Es sind   Zahlen.

b) Welche besondere Eigenschaft haben Zahlen der Form $2n + 1$?

Antwort: Es sind   Zahlen.

c) Berechne: $(-1)^{2n} =$; $(-1)^{2n+1} =$

Alles klar?! **Äquivalente Terme**

Wenn zwei Terme bei jeder möglichen Belegung aus einer Grundmenge G stets den gleichen Termwert haben, heißen sie **äquivalent** über G.

Übung 6 **Äquivalent oder nicht?**

a) Berechne die Termwerte.

x	-1	0	$\frac{1}{2}$	2	3
$T_1(x) = x^2 - 4$					
$T_2(x) = (x - 2)(x + 2)$					

b) $T_1(x)$ und $T_2(x)$ sind: äquivalent über $G = \{-1; 0; \frac{1}{2}; 2; 3\}$

                             nicht äquivalent über $G = \{-1; 0; \frac{1}{2}; 2; 3\}$

Übung 7 ★ Sind die Terme $T_1 = x + 1 - x$ und $T_2 = 1$ äquivalent über der Grundmenge $\mathbb{Q}$?

    ja   nein

3.3 Produkt- und Summenterme vereinfachen

 Alles klar?! **Vereinfachung von Termen**

Durch Anwendung der Rechengesetze für rationale Zahlen (Kommutativgesetz, Assoziativgesetz, Distributivgesetz) kann man Terme vereinfachen. Man sagt, man wandelt die Terme in einfachere äquivalente Terme um. Produktterme kann man vereinfachen, indem man Faktoren vertauscht und zusammenfasst.

Beispiele: $2 \cdot x \cdot y \cdot 3 \cdot x = 2 \cdot 3 \cdot x \cdot x \cdot y = 6x^2 y$

$(-3a)^2 = (-3a) \cdot (-3a) = (-3) \cdot (-3) \cdot a \cdot a = 9a^2$

 Übung 1 **Fasse in zwei Schritten zusammen.**

a) $10 \cdot a \cdot 3$ = =

b) $x \cdot 2 \cdot (-3) \cdot y$ = =

c) $a \cdot b \cdot (-4a)$ = =

d) $x^2 \cdot 5x \cdot (-2)$ = =

 Übung 2 **Vereinfache.**

a) $2a \cdot (-3b)$ = 　　　　　　b) $p \cdot 11pq$ =

c) $(b \cdot ab) \cdot 8$ = 　　　　　　d) $2x \cdot 5x^2$ =

e) $0{,}5r \cdot (-3rst)$ = 　　　　　　f) $-\dfrac{3}{4}u \cdot \dfrac{1}{2}v$ =

 Übung 3 **Forme so um, dass keine Klammer mehr auftritt.**

a) $(3b)^2$ = 　　　　　　b) $(2ab)^3$ =

c) $(-2x)^3$ = 　　　　　　d) $(-x)^2$ =

e) $(-1{,}5a)^2$ = 　　　　　　f) $(0{,}5xy)^2$ =

g) $\left(\dfrac{1}{3}u\right)^2$ = 　　　　　　h) $\left(-\dfrac{2}{3}v\right)^2$ =

Alles klar?! **Zusammenfassung von Termen**

Terme mit gleichem Variablenprodukt heißen **gleichartig**. Die Zahlenfaktoren heißen **Koeffizienten**.

$$3\,ab^2$$

Koeffizient   Variablenprodukt

Summen und Differenzen von gleichartigen Termen fasst man zusammen, indem man ihre Koeffizienten zusammenfasst und das Variablenprodukt beibehält.

Beispiele: Gleichartige Terme sind z.B. $5a$ und $7a$, $3b^2$ und $-2b^2$, $2ab$ und $10ab$.

$5a + 7a = (5 + 7)a = 12a$

$3b^2 - 2b^2 = (3 - 2)b^2 = 1b^2 = b^2$

$2ab - 10ab = (2 - 10)ab = -8ab$

Nicht zusammenfassen kann man: $3a + 2ab$, $2x + x^2$, $5a + 1$

Übung 4   **Fasse in zwei Schritten zusammen.**

a) $2a - 7a + 5a$ = =

b) $ab - ab - 10ab$ = =

c) $-4x^2 + 11x^2$ = =

d) $2pq - 9pq + pq$ = =

Übung 5   **Fasse so weit wie möglich zusammen.**

11 Äpfel $+ 5$ Birnen $+ 7$ Birnen $- 2$ Äpfel $+ 5$ Äpfel $=$

Übung 6   **Ordne zunächst und fasse dann zusammen.**

a) $2a - 3b + 7a + 5a$ $= 2a + 7a + 5a - 3b$ =

b) $ab - a - 10ab + 3a$ = =

c) $-4x^2 + 11 + x^2 - 5$ = =

d) $2pq - 9q^2 + pq - 2q^2$ = =

Übung 7 Welche der Terme sind äquivalent?

$T_1 = \frac{1}{5}a \cdot (-2b) =$ ⬚ $\qquad$ $T_2 = -\frac{1}{5}ab - \frac{1}{5}ab =$ ⬚

$T_3 = 3u \cdot (-v) \cdot 0 =$ ⬚ $\qquad$ $T_4 = 3ab - 4ab + ba =$ ⬚

$T_5 = -ab + 0,6\,ab =$ ⬚ $\qquad$ $T_6 = xy - 0,4\,ab - yx =$ ⬚

Antwort: ....

 Übung 8 Vereinfache den Term. Es erleichtert die Übersicht, wenn du bereits verwertete Terme mit Bleistift unterstreichst oder abhakst.

a) $2ab - 5a + 7ab - b - ab + 3b - 3a + b$ $\qquad =$

b) $3x^2 + 4x - 7 - x + 11x^2 - 5x^2 + 9 + x$ $\qquad =$

c) $4xy + y + 1 - 10xy - 3y - 5 + 2xy + 3y$ $\qquad =$

d) $-a^2 + a + 1 - 3a^2 + 4a^2 + 2a - a - 1$ $\qquad =$

e) $x^4 + 3xy^3 - 2x^4 - xy^3 + y^4 + 3x^4 + 3xy^3$ $\qquad =$

f) $\frac{1}{4}a - \frac{1}{3} + \frac{1}{3}b + \frac{1}{4} - b + \frac{2}{3}b + \frac{1}{2}a$ $\qquad =$

 Übung 9 Vereinfache zuerst die Produkte und fasse dann zusammen.

a) $2a \cdot (-b) - 5a \cdot 2b + 7c - ba - c \cdot (-5)$ $\qquad =$

b) $(-2x)^2 + 4x + x \cdot (-3) + x^2 \cdot 4 - x - 1$ $\qquad =$

c) $a \cdot 3a - 2a + a \cdot (-4) - a^2 - a^2 + a \cdot 2b$ $\qquad =$

d) $u - 3v \cdot 2u + u \cdot (-3)^2 - u \cdot (-2v) - u$ $\qquad =$

e) $x \cdot (-y) + x \cdot 2y - 2x \cdot 5y - 5 \cdot (yx) - 10$ $\qquad =$

3.4 Terme mit Klammern

Alles klar?! **Plus- und Minusklammern**

Eine Klammer, vor der ein Pluszeichen oder gar kein Rechenzeichen steht,
heißt **Plusklammer**. Eine Plusklammer kann man ohne weiteres weglassen.
Die Rechenzeichen in der Klammer bleiben.

Also: $a + (b + c) = a + b + c$
$a + (b - c) = a + b - c$
$(a + b) + c = a + b + c$
$(a - b) + c = a - b + c$

Beispiele: $2a + (3b + 4c - 5d) = 2a + 3b + 4c - 5d$
$(-x + 3y - z) + 2 = -x + 3y - z + 2$

Eine Klammer, vor der ein Minuszeichen steht, heißt **Minusklammer**.
Eine Minusklammer kann man weglassen, wenn man gleichzeitig
alle Rechenzeichen in der Klammer umkehrt.

Also: $a - (b + c) = a - b - c$
$a - (b - c) = a - b + c$

Beispiele: $2a - (3b + 4c - 5d) = 2a - 3b - 4c + 5d$
$-(-x + 3y - z) + 2 = x - 3y + z + 2$

Übung 1 **Ergänze die Rechenzeichen.**

a) $5 + (2a - 3b + c) - d$ $= 5 \quad 2a \quad 3b \quad c \quad d$

b) $5 - (2a - 3b + c) - d$ $= 5 \quad 2a \quad 3b \quad c \quad d$

c) $(5 + 2a - 3b) + c - d$ $= 5 \quad 2a \quad 3b \quad c \quad d$

d) $-(-5 + 2a - 3b) + c - d$ $= 5 \quad 2a \quad 3b \quad c \quad d$

e) $5 + 2a + (-3b + c) - d$ $= 5 \quad 2a \quad 3b \quad c \quad d$

f) $5 + 2a - (-3b + c) - d$ $= 5 \quad 2a \quad 3b \quad c \quad d$

g) $(5 + 2a) - 3b + (c - d)$ $= 5 \quad 2a \quad 3b \quad c \quad d$

h) $(5 + 2a) - 3b - (c - d)$ $= 5 \quad 2a \quad 3b \quad c \quad d$

Übung 2 **Löse die Klammern auf und fasse gleichartige Terme zusammen. Versuche nicht, alles im Kopf zu rechnen, sondern verwende ein Übungsheft.**

a) $2a + 3b + (6a - 10b) - (a + b)$ =

b) $11 - (2x - 3) + (x - 10) - (3 + x) - 1$ =

c) $(u - v) - (u + v) + (2v - 3) + (u - v - 3) - u$ =

d) $-(c + d) + (2d - 4c) + 5 - c$ =

 Alles klar?! **Das Distributivgesetz**

Das Distributivgesetz für rationale Zahlen besagt: $a \cdot (b + c) = ab + ac$

Daraus folgt: $a + b \cdot (c - d) = a + bc - bd$
$a - b \cdot (c - d) = a - bc + bd$

Steht bei einer Klammer ein Faktor, so multipliziert man jedes Glied in der Klammer mit diesem Faktor unter Berücksichtigung des Vorzeichens.

Beispiele: $2a + 5 \cdot (3b + 4c - 5d) =$ (Glieder in der Klammer mit $(+ 5)$ multiplizieren)
$2a + 15b + 20c - 25d$

$3ax - x \cdot (2b - 3c + 4d) =$ (Glieder in der Klammer mit $(- x)$ multiplizieren)
$3ax - 2bx + 3cx - 4dx$

 Übung 3 **Multipliziere.**

a) $3 + 4 \cdot (a - 2b)$ =

b) $-2 \cdot (x - 2y + 3z)$ =

c) $x + \dfrac{2}{3} \cdot (y - 6z)$ =

d) $a + (b + 2) \cdot c$ =

e) $ax \cdot (bx - x^2)$ =

f) $1 - u^2 \cdot (-u + 1)$ =

g) $34e - 17 \cdot (17 - e^2)$ =

h) $0,4a - 0,5 \cdot (0,4b - 4c)$ =

Übung 4   **Löse die Klammern auf und fasse gleichartige Terme zusammen.**

a) $4a + 3b + 2 \cdot (6a - 10b) - 3 \cdot (a + b)$ =

b) $11 - 4 \cdot (2x - 3) + 3 \cdot (x - 10) - (3 + x) - 1$ =

c) $4x - 5 \cdot (x - 2y) - 3 \cdot (x + 4y) + 3y - (x - y)$ =

d) $2 \cdot (u - v) - 3 \cdot (u + v) + (2v - 3) + 2 \cdot (u - v - 3) - u$ =

Übung 5   **Beachte das Distributivgesetz für die Division: (a + b) : c = a : c + b : c**

a) $(10a + 20b) : 10$ =

b) $(3x - 6y + 12z) : 3$ =

c) $(-30u + 6v - 12w) : (-6)$ =

d) $(3p - 6p^2 + 12p^3) : (3p)$ =

e) $(-a - b + c) : \left(-\frac{1}{2}\right)$ =

3.5 Multiplizieren von Summen

Alles klar?! **Multiplizieren**

Aus dem Distributivgesetz folgt: $(a + b) \cdot (c + d) = ac + ad + bc + bd$

Man multipliziert unter Berücksichtigung der Vorzeichen jedes Glied der ersten Summe mit jedem Glied der zweiten Summe.

Merke: „Jedes mit jedem". Dies gilt auch für Summen mit mehr als zwei Summanden.

Beispiele:
$$(a + b) \cdot (c - d) \qquad = ac - ad + bc - bd$$
$$(a - b) \cdot (c + d - e) \qquad = ac + ad - ae - bc - bd + be$$
$$(x + 2)(2y - x + 4) \qquad = 2xy - x^2 + 4x + 4y - 2x + 8$$
$$\qquad = -x^2 + 2x + 2xy + 4y + 8$$

$$5x - (x + 2)(x - 3) = \ldots$$

Wenn du die Klammern miteinander multiplizieren und zugleich das Minuszeichen davor berücksichtigen willst, ist das viel auf einmal. Besser lässt man zunächst das Minuszeichen ausgeklammert:

$$\ldots \qquad = 5x - (x^2 - 3x + 2x - 6) =$$
$$= 5x - (x^2 - x - 6) =$$
$$= 5x - x^2 + x + 6 =$$
$$= -x^2 + 6x + 6$$

Gleiches gilt, wenn noch ein Faktor vor den Klammern steht:
$$5x + 2(x + 2)(x - 3) \qquad = 5x + 2(x^2 - 3x + 2x - 6) = \ldots$$

Übung 1 **Verwandle in eine Summe.**

a) $(a + b)(c - 2) =$

b) $(p - 2q)(p + 1) =$

c) $(u - 3)(-v - 7) =$

d) $(a + 1{,}5)(0{,}1 - 0{,}2b + 0{,}5c) =$

e) $\left(x + \frac{1}{3}y\right)\left(y + \frac{1}{2}\right) =$

Übung 2 **Vereinfache den Term.**

a) $(a + 4)(a - 2) - (a + 3)(a - 2) =$

b) $p^2 - (p - 2)(p + 1) =$

c) $(u - 3)(-u - 7) - u(3 - u) =$

d) $(a + 1{,}5)(0{,}1 - 0{,}2a) - 0{,}2a(a + 3) =$

Übung 3   **Aus der Geometrie**

a) Gib den Flächeninhalt $A(x)$ eines Rechtecks als Summe an, wenn die Seitenlängen $5 + x$ und $7 - x$ betragen.

$A(x) =$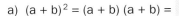

b) Gib den Flächeninhalt $A(x)$ eines Dreiecks als Summe an, wenn gilt:
Grundseite $g = 6 + x$ und Höhe $h = 8 - 2x$. (Formel: $A = \frac{1}{2} \cdot g \cdot h$)

$A(x) =$

Übung 4   **Hier kannst du einige wichtige Formeln selbst herleiten.**

a) $(a + b)^2 = (a + b)(a + b) =$ b) $(a - b)^2 = (a - b)(a - b) =$

c) $(-a - b)^2 = (-a - b)(-a - b) =$ d) $(a + b)(a - b) =$

Alles klar?!   **Binomische Formeln**

Die folgenden Formeln sind unter dem Namen **binomische Formeln** bekannt.
Sie sparen Zeit beim Ausmultiplizieren und sind manchmal auch in der Anwendung von rechts nach links nützlich. Sie gelten für beliebige rationale Zahlen a und b.
1.) $(a + b)^2 = a^2 + 2ab + b^2$
2.) $(a - b)^2 = a^2 - 2ab + b^2$
3.) $(a + b)(a - b) = a^2 - b^2$

Beispiele: $(2a + 3)^2 = (2a)^2 + 2 \cdot 2a \cdot 3 + 3^2 = 4a^2 + 12a + 9$
$(u - 2v)^2 = u^2 - 2 \cdot u \cdot 2v + (2v)^2 = u^2 - 4uv + 4v^2$
$(x + 10)(x - 10) = x^2 - 10^2 = x^2 - 100$

Übung 5   **Verwandle in eine Summe.**

a) $(a - 2b)^2 =$ b) $(p + 11)^2 =$

c) $(3x - 8)^2 =$ d) $(-u - 1)^2 =$

e) $\left(x + \frac{1}{3}y\right)\left(x - \frac{1}{3}y\right) =$

Übung 6   **Berechne ohne Taschenrechner mithilfe der binomischen Formeln.**

a) $99^2 = (100 - 1)^2 =$

b) $51^2 =$

c) $101^2 =$

d) $999^2 =$

3.6 Faktorisieren

 Alles klar?! **Faktorisieren**

Die Anwendung des Distributivgesetzes: $a \cdot (b + c) = ab + ac$ von rechts nach links nennt man **Ausklammern**. Faktorisieren heißt in ein Produkt verwandeln, zum Beispiel durch Ausklammern oder durch Anwendung einer binomischen Formel von rechts nach links.

Beispiele:

$10a + 20b = 10(a + 2b)$	(Ausklammern)
$a - 20a^2b = a(1 - 20ab)$	(Ausklammern)
$a^2 - 25b^2 = (a + 5b)(a - 5b)$	(3. binomische Formel)

 Übung 1 **Klammere aus wie angegeben und mache die Probe durch Ausmultiplizieren, ohne auf den gegebenen Term zu sehen.**

z.B. $2ab + 3ac$ $= a(2b + 3c)$ $= 2ab + 3ac$

a) $10a - 5$ $= 5\ ($ $)$ $=$

b) $-x + x^2$ $= -x\ ($ $)$ $=$

c) $\frac{1}{2}x^2 - \frac{3}{2}y$ $= \frac{1}{2}\ ($ $)$ $=$

d) $u^2 + 2u^3$ $= u^2\ ($ $)$ $=$

 Übung 2 **Klammere so viel wie möglich aus.**

a) $3ax^2 + 4ax + x$ $=$ b) $5x^3 + 15x^2 + 5x$ $=$

c) $16a^3b - 4a^2b - 16ab^3$ $=$ d) $1\frac{1}{3} + \frac{2}{3}x - \frac{5}{3}x^2$ $=$

e) $108ab - 162a + 216b$ $=$ f) $0,1by - 0,3ay + 0,5y^2$ $=$

 Übung 3 **Faktorisiere mit einer binomischen Formel, falls möglich.**

a) $4a^2x^2 + 4ax + 1$ $=$ b) $x^2 + 10x + 5$ $=$

c) $16a^2 - 8ab + b^2$ $=$ d) $\frac{1}{9} - x^2$ $=$

e) $9a^2 - 100b^2$ $=$ f) $0,25y^2 - 1$ $=$

g) $20x + 25x^2 + 4$ $=$

Übung 4 **Stelle einen Term auf.**

Frau Huber fährt mit der Straßenbahn zum Bäcker und kauft Brötchen. Für die Fahrt zahlt sie 3 €. Ein Brötchen kostet 20 Cent. Insgesamt zahlt sie y € bei dieser Einkaufsfahrt. Stelle einen Term y(n) für den Fall auf, dass sie n Brötchen kauft.

$y(n) =$

Übung 5 **Dreiecksaufgabe**

Das abgebildete Dreieck hat den Flächeninhalt $A = \frac{1}{2}a^2 + \frac{1}{2}a$

Was lässt sich daraus über die Länge der Seite b aussagen?
(Tipp: Schreibe die Summe als Produkt.)

$b =$

Übung 6 **Rechtecksaufgabe**

Aus einem Quadrat mit der Seitenlänge 6 cm wird ein Rechteck gemacht, indem eine Seite um x cm verkürzt wird und die angrenzende Seite um x cm verlängert wird.
Der Flächeninhalt A des Rechtecks beträgt:

$(36 + x^2)$ cm^2 $(36 - x^2)$ cm^2 $(36 - 2x + x^2)$ cm^2 $(36 - 4x)$ cm^2

Übung 7 ★ **Löse die Aufgabe durch Probieren.**

a) $(x^2 + 7x + 10) = (x + 2)(\blacksquare + \triangle)$ $\blacksquare =$ $\triangle =$

b) $(x^2 + 7x - 30) = (x + 3)(\blacksquare - \triangle)$ $\blacksquare =$ $\triangle =$

c) $(x^2 - 14x + 48) = (x - 6)(\blacksquare - \triangle)$ $\blacksquare =$ $\triangle =$

Übung 8 ★ **Noch einmal: Das Jahr der Mathematik**

Nimm dir noch einmal Übung 6 aus Kapitel 2.4 vor. Stelle mit Note n einen Term T(n) für die Jahreszahl auf und vereinfache den Term in mehreren Schritten.

$T(n) =$

$=$

$=$

Abschlusstest (15 Minuten)

Aufgabe 1 **Vereinfache.**

a) $5a + 3b - 10 - 7a - 17b + 12 =$ ☐ b) $\frac{1}{2} \cdot a \cdot b \cdot \left(-\frac{1}{6}\, a\right) =$ ☐

Punkte: ☐ von 2

Aufgabe 2 $T(x) = x(x - 1)$. **Berechne die Termwerte.**

x	-3	-2	$-1,5$	-1	0	$\frac{1}{3}$	1
T(x)							

Punkte: ☐ von 2

Aufgabe 3 **Vereinfache.**

a) $(a + 7b + 11) - (3a - 4b - 5) =$ ☐ b) $2(x + 2y - 3) - 4(2x - 3y + 5) =$ ☐

c) $(-10x + 20y + 100):(-10) =$ ☐

Punkte: ☐ von 3

Aufgabe 4 **Multipliziere und vereinfache.**

a) $(2x - 3)(5x + 1) =$ ☐ b) $(3x - 4)^2 =$ ☐   Punkte: ☐ von 2

Aufgabe 5 **Verwandle in ein Produkt:**

a) $a - 17a^2 =$ ☐ b) $9u^2 - 24uv + 16v^2 =$ ☐   Punkte: ☐ von 2

Aufgabe 6 **Wie viele Würfelseiten sind sichtbar, wenn man n Würfel genau aufeinander stapelt (n ≥ 2)? Die Seite, die auf dem Boden aufliegt, ist nicht sichtbar.**

☐ $5n + 2$ ☐ $4n + 1$ ☐ $6n - 1$ ☐ $4n - 1$

Punkte: ☐ von 4

Gesamtpunktzahl: ☐ von 15 Punkten

13 – 15 Punkte: Bravo!

 8 – 12 Punkte: Es ist noch kein Meister vom Himmel gefallen.

 0 – 7 Punkte: Du solltest dieses Kapitel noch einmal durcharbeiten.

Gleichungen

Wenn man zu einer unbekannten Zahl 10 addiert, erhält man 15. Wie heißt die Zahl? Nennen wir die unbekannte Zahl x. Dann erhalten wir die Gleichung $x + 10 = 15$.

Wer die Lösung weiß, kann sich auf die Schulter klopfen.

4.1 Lösung durch Probieren

Alles klar?! Lösung durch Probieren

Eine Gleichung besteht aus zwei Termen, die durch ein Gleichheitszeichen verbunden sind.
Beispiel: $3x + 2 = 8$
Welche Zahl muss man für die Variable x einsetzen, damit die Gleichung stimmt?
Durch Probieren findet man: $x = 2$.
Linke Seite: $3 \cdot 2 + 2 = 8$ Rechte Seite: 8
Man erhält $8 = 8$, also eine wahre Aussage. Die Gleichung stimmt.
Die Zahl 2 ist die **Lösung** der Gleichung.
Man kann die Lösung(en) einer Gleichung in der **Lösungsmenge** ($\mathbb{L}$) zusammenfassen.
Hier: $\mathbb{L} = \{2\}$.
Eine Gleichung kann entweder genau eine Lösung, mehrere Lösungen oder keine
Lösung haben.

Übung 1   Löse die Gleichung durch Probieren.

a) $2x = 10$ $x =$

b) $x + 10 = 20$ $x =$

c) $-x = -5$ $x =$

d) $x - 3 = -5$ $x =$

e) $\frac{1}{2}x = -11$ $x =$

f) $30 - x = 18$ $x =$

Übung 2   Nicht immer heißt die Unbekannte x.

a) $n + 7 = 11$ $n =$

b) $k - 3 = -4$ $k =$

c) $2^y = 8$ $y =$

d) $15 : z = 3$ $z =$

e) $p : 5 = 10$ $p =$

f) $q \cdot (-3) = 6$ $q =$

Übung 3   Ordne durch einen Pfeil der Gleichung die richtige Lösungsmenge zu.

$\mathbb{L} = \{0; 1\}$
$\mathbb{L} = \{-3; 3\}$

a) $(x - 5)(x + 3) = 0$; $\mathbb{L} = \{-3; 4\}$
b) $|x| = 1$; $\mathbb{L} = \{-7; 1\}$
c) $x^2 = 9$ $\mathbb{L} = \{0; 2\}$
d) $|x + 3| = 4$; $\mathbb{L} = \{-3; 5\}$
e) $x(x - 2) = 0$; $\mathbb{L} = \{-5; 5\}$
f) $x^2 = 25$; $\mathbb{L} = \{-5; 3\}$
$\mathbb{L} = \{-1; 1\}$

Alles klar?! **Seltsame Gleichungen**

Wir betrachten die Gleichung x + 1 = 1 + x
x = 2 ist eine Lösung, 3 ebenso, 5 ebenso, − 10 ebenso …
Alle rationalen Zahlen sind Lösungen dieser Gleichung!
Oder: Die Lösungsmenge ist die Menge der rationalen Zahlen, also: $\mathbb{L} = \mathbb{Q}$

Nun betrachten wir die Gleichung x + 1 = 2 + x
Ganz gleich, welche Zahl man für x einsetzt, die Gleichung stimmt nie!
Die Gleichung hat keine Lösung.
Anders ausgedrückt: Die Lösungsmenge ist die leere Menge, also: $\mathbb{L} = \{\}$

Übung 4 **Kreuze die richtige Lösungsmenge an.**

a) 5x = 7x $\mathbb{L} = \mathbb{Q}$ $\mathbb{L} = \{\}$ $\mathbb{L} = \{0\}$

b) − (x + 1) = − x − 1 $\mathbb{L} = \mathbb{Q}$ $\mathbb{L} = \{\}$ $\mathbb{L} = \{0\}$

c) x = x + 2 $\mathbb{L} = \mathbb{Q}$ $\mathbb{L} = \{\}$ $\mathbb{L} = \{0\}$

Übung 5 **Zahlenrätsel**

Stelle eine Gleichung für die unbekannte Zahl x auf und löse sie durch Probieren.

a) Wenn ich eine Zahl zu − 5 addiere, erhalte ich 5.

   Gleichung: Die Zahl heißt   .

b) Das Produkt aus der Zahl und 20 hat den Wert − 100.

   Gleichung: Die Zahl heißt   .

c) Wenn ich eine Zahl von 5 subtrahiere, erhalte ich − 2.

   Gleichung: Die Zahl heißt   .

d) Wenn ich eine Zahl durch 5 dividiere, erhalte ich − 2.

   Gleichung: Die Zahl heißt   .

e) Das Siebenfache einer Zahl ist 1.

   Gleichung: Die Zahl heißt   .

f) 5 % von einer Zahl sind 2.

   Gleichung: Die Zahl heißt   .

4.2 Systematische Lösung von linearen Gleichungen

 Alles klar?! Äquivalenzumformung

Um Gleichungen zu lösen, werden sie mit sogenannten **Äquivalenzumformungen** in einzelnen Schritten vereinfacht. Eine Äquivalenzumformung ist eine Umformung, bei der die Lösungsmenge einer Gleichung gleich bleibt.

Äquivalenzumformungen sind:
- die Addition desselben Terms auf beiden Seiten
- die Subtraktion desselben Terms auf beiden Seiten
- die Multiplikation beider Seiten mit demselben Wert ($\neq 0$)
- die Division beider Seiten durch denselben Wert ($\neq 0$)
- das Vertauschen der Seiten

Man vereinfacht eine Gleichung schrittweise durch Äquivalenzumformungen, bis man am Schluss erhält: $x = \ldots$ Es ist sinnvoll, die nächste Äquivalenzumformung rechts neben einem senkrechten Strich anzukündigen. Diese Ankündigung ist nicht Teil der Gleichung.

Beispiel: $\qquad 3x + 4 = 19$

Man möchte zunächst 3x, dann x auf der linken Seite der Gleichung isolieren. Zunächst subtrahiert man 4 auf beiden Seiten:

$$3x + 4 = 19 \qquad | -4$$
$$3x + 4 - 4 = 19 - 4$$
$$3x = 19 - 4$$

Der Term $+ 4$ ist also mit anderem Vorzeichen auf die andere Seite der Gleichung gebracht worden.

$$3x = 15$$

Um x zu erhalten, dividiert man beide Seiten durch 3.

$$3x = 15 \qquad | :3$$
$$3x : 3 = 15 : 3$$
$$x = 5$$
$$\mathbb{L} = \{5\} \qquad \text{Probe: Linke Seite: } 3 \cdot 5 + 4 = 19$$
$$\text{Rechte Seite: 19, stimmt also.}$$

 Übung 1 **Löse die Gleichung mit den angekündigten Äquivalenzumformungen.**

a) $\qquad -10x - 20 = 50 \qquad | +20$

$$ = \qquad | : (-10)$$
$$ = \qquad \qquad \mathbb{L} = $$

b)
$$\frac{1}{3}x + 2 = 1 \qquad | - 2$$

$$\boxed{} = \boxed{} \qquad | : \left(\frac{1}{3}\right)$$

$$\boxed{} = \boxed{} \qquad \qquad \mathbb{L} = \boxed{}$$

Übung 2   Löse mit Äquivalenzumformungen und mache die Probe.

a) $5 - x = -1$ $\qquad \mathbb{L} = $ ___   L.S.: ___   R.S.: ___

b) $-\frac{2}{5}x = -4$ $\qquad \mathbb{L} = $ ___   L.S.: ___   R.S.: ___

c) $-x - 9 = -10$ $\qquad \mathbb{L} = $ ___   L.S.: ___   R.S.: ___

d) $-6x = -6$ $\qquad \mathbb{L} = $ ___   L.S.: ___   R.S.: ___

e) $10 + x = -3$ $\qquad \mathbb{L} = $ ___   L.S.: ___   R.S.: ___

f) $5x + 10 = 12$ $\qquad \mathbb{L} = $ ___   L.S.: ___   R.S.: ___

Alles klar?!   **Gleichungen vereinfachen**

Gleichungen, in denen mehrere Glieder mit x und ohne x vorkommen, vereinfacht man nach dem Rezept: Glieder mit x auf eine Seite, den Rest auf die andere Seite.
So erhält man eine Gleichung der Form ax = b oder b = ax.
In welcher Reihenfolge geht man vor? Du erhältst einen kleinen Rechenvorteil, wenn du zuerst den x-Term mit dem kleineren Koeffizienten auf die andere Seite bringst, sodass du einen positiven Koeffizienten a erhältst.

Beispiel:
$$5x + 3 = 7x - 1 \qquad | - 5x$$
$$3 = 2x - 1 \qquad | + 1$$
$$4 = 2x \qquad | : 2$$
$$2 = x$$
$$x = 2 \rightarrow \mathbb{L} = \{2\}$$

Übung 3   Löse die Gleichung und mache die Probe.

a) $3x + 7 = 10x - 2$ $\qquad \mathbb{L} = $ ___   Probe: L.S.: ___   R.S.: ___

b) $-2x + 8 = 13x + 5$ $\qquad \mathbb{L} = $ ___   Probe: L.S.: ___   R.S.: ___

c) $-4 - 7x = -5 - 11x$ $\qquad \mathbb{L} = $ ___   Probe: L.S.: ___   R.S.: ___

d) $-5x + 10 = 11x + 2$ $\qquad \mathbb{L} = $ ___   Probe: L.S.: ___   R.S.: ___

e) $0,4x - 2,1 = 1,6x + 0,3$ $\qquad \mathbb{L} = $ ___   Probe: L.S.: ___   R.S.: ___

f) $x + 14 = 14 - x$ $\qquad \mathbb{L} = $ ___   Probe: L.S.: ___   R.S.: ___

g) $(3x + 1) - (5x - 2) = 4 \cdot (2x - 8)$ $\qquad \mathbb{L} = $ ___   Probe: L.S.: ___   R.S.: ___

Tipp: Löse zunächst die Klammern auf und vereinfache die linke Seite.

4.3 Textaufgaben

 Alles klar?! Vorgehensweise

Bei Textaufgaben kannst du so vorgehen:
- Wenn es mehrere Unbekannte gibt, lege fest, welche du mit x bezeichnest.
- Stelle die Angaben übersichtlich zusammen, zum Beispiel in Form einer Tabelle.
- Übersetze die Angaben in eine Gleichung mit einer Unbekannten. (Später lernst du, Gleichungen mit mehreren Unbekannten zu lösen.)
- Löse die Gleichung.
- Gib eine Textantwort auf die gestellte Frage.
- Prüfe, ob deine Antwort die Angaben erfüllt.

Beispiel: Christian ist 5 Jahre älter als Paula. Vor 10 Jahren war Christian doppelt so alt wie Paula. Wie alt sind die beiden jetzt?

	Alter von Paula	**Alter von Christian**
Jetzt	x Jahre	(x + 5) Jahre
Vor 10 Jahren	(x − 10) Jahre	(x − 5) Jahre

Aus der Angabe „war doppelt so alt" machen wir eine Gleichung:

$$x - 5 = 2 \cdot (x - 10)$$
$$x - 5 = 2x - 20 \qquad | -x + 20$$
$$x = 15$$

Paula ist 15 Jahre alt, Christian ist 20 Jahre alt. Probe: „5 Jahre älter" trifft zu. Vor 10 Jahren war Paula 5 und Christian war 10, also doppelt so alt.

 Übung 1 Zahlenrätsel

a) Wenn man zum Dreifachen einer Zahl 5 addiert, erhält man ihr Dreieinhalbfaches.

Die Zahl heißt ⬚ .

b) Welche drei aufeinanderfolgenden geraden Zahlen haben die Summe 90?

Die Zahlen heißen ⬚ .

c) Die Summe zweier ganzer Zahlen ist 1, ihre Differenz ist 29.

Die kleinere Zahl ist ⬚ , die größere ⬚ .

Übung 2 Teilungsaufgaben

a) Ein Lottogewinn von 780 000 € soll entsprechend dem Einsatz in einer Tippgemeinschaft von drei Freundinnen so aufgeteilt werden, dass Julia doppelt so viel wie Anna, Claudia dreimal so viel wie Anna erhält.

Anna erhält ⬚ , Julia erhält ⬚ , Claudia erhält ⬚ .

b) Bauer Hinze besitzt Hasen und Hühner. Zusammen haben sie 100 Füße und 37 Köpfe.

Es sind   Hasen und   Hühner.

c) Abu Jamal vererbte seine Kamele. Der erste Sohn bekam die Hälfte der Kamele, der zweite ein Viertel, der dritte ein Sechstel und der jüngste Sohn das restliche Kamel.

Insgesamt waren es   Kamele.

Übung 3   Aufgaben aus der Geometrie

a) Der Umfang eines Rechtecks beträgt 60 cm, wobei eine lange Seite um 4 cm länger ist als eine kurze Seite.

Eine kurze Seite misst   cm, eine lange Seite   cm.

b) Verlängert man zwei gegenüberliegende Seiten eines Quadrats um jeweils 3 cm und verkürzt man die anderen Seiten um jeweils 2 cm, so entsteht ein Rechteck, dessen Flächeninhalt um 1 cm^2 größer ist als der des Quadrats.

Die Seiten des Quadrats sind   cm lang.

Übung 4   Auf Euro und Cent

a) Ein Konzertsaal fasst 1000 zahlende Besucher. Die besseren Plätze sollen 50 € kosten, die schlechteren 30 €. Wie viele Plätze müssen zum höheren Preis verkauft werden, wenn bei vollem Haus die Einnahmen 42 000 € betragen sollen?

Es müssen   Plätze zum höheren Preis verkauft werden.

b) Jacqueline surft gerne im Internet. Sie hat einen Anschluss, bei dem eine monatliche Grundgebühr von 8 € sowie 0,75 Cent pro Minute zu zahlen sind. Wie viele Stunden und Minuten war sie im April im Internet, wenn die Monatsrechnung 27,05 € betrug?

Antwort: Stunden   Minuten

Übung 5   Altersrätsel

a) Eine Mutter ist jetzt dreimal so alt wie ihre Tochter und sechsmal so alt, wie ihre Tochter vor 5 Jahren war.

Die Mutter ist jetzt   , die Tochter   Jahre alt.

b) Heute ist ein Onkel dreimal so alt wie sein Neffe. Vor 7 Jahren waren beide zusammen 50 Jahre alt.

Der Neffe ist jetzt   , der Onkel   Jahre alt.

Abschlusstest (15 Minuten)

STOPP!
Zuerst die Lernkärtchen
durcharbeiten!

 Aufgabe 1 **Löse die Gleichungen.**

a) $-x + 3 = 11$ b) $0,1x - 2,5 = 3,5$ c) $\frac{2}{3}x - 2 = -22$

x = ▢   x = ▢   x = ▢

Punkte: ▢ von 3

 Aufgabe 2 **Löse die Gleichungen.**

a) $2x + 3 = 3x + 5$ b) $\frac{1}{8}x - 2 = \frac{1}{4}x + 4$ c) $3x - 13 = -22 - 7x$

x = ▢   x = ▢   x = ▢

Punkte: ▢ von 3

 Aufgabe 3 **Gib die Lösungsmenge an.**

$4 - 5(2x + 6) = 7 - (10x - 2)$ $\mathbb{L} = $ ▢   Punkte: ▢ von 2

 Aufgabe 4 **Löse die Textaufgabe.**

Eine Tasse Kaffee mit Schlagsahne kostet 2,80 €. Der Kaffee ohne Schlagsahne ist um 2 € teurer als die Schlagsahne allein.

Die Schlagsahne kostet ▢ Cent.   Punkte: ▢ von 4

Aufgabe 5 **Berechne die Winkel.**

In einem Dreieck ist α um 20° kleiner als β. γ ist doppelt so groß wie α.

α = ▢   β = ▢   γ = ▢   Punkte: ▢ von 3

Gesamtpunktzahl: ▢ von 15 Punkten

13–15 Punkte: Bravo!

8–12 Punkte: Es ist noch kein Meister vom Himmel gefallen. Schaue dir noch einmal die Aufgaben an, bei denen du Fehler gemacht hast.

0–7 Punkte: Du solltest dieses Kapitel noch einmal durcharbeiten.

Symmetrie

Das Wort „Symmetrie" kommt ursprünglich aus dem Griechischen und bedeutet Gleichmaß oder Gleichmäßigkeit. Symmetrische Figuren bestehen aus zwei Teilen, die einander entsprechen.

Symmetrie umgibt uns überall in der Natur und beeinflusst unsere Wahrnehmung von der Welt. Symmetrische Formen erkennen wir oftmals instinktiv und empfinden sie als schön, man denke nur an die Flügel eines Schmetterlings.

5.1 Achsensymmetrie

 Alles klar?! **Achsensymmetrie**

Zwei Punkte P und P' heißen **symmetrisch bezüglich einer Achse a**, wenn die Verbindungsstrecke [PP'] senkrecht auf der Achse a steht und von dieser halbiert wird. Liegt ein Punkt auf der Achse, so stimmt er mit seinem Spiegelpunkt überein. (Q = Q')

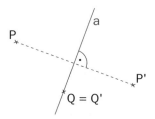

An zueinander achsensymmetrischen Figuren kann man folgende Eigenschaften erkennen:

- Zueinander symmetrische Strecken sind gleich lang, z. B. $\overline{AB} = \overline{A'B'}$
- Zueinander symmetrische Winkel sind gleich groß, z. B. $\alpha = \alpha'$
- Der Umlaufsinn von Figuren ändert sich, z. B. werden die Punkte in $\triangle ABC$ im Gegenuhrzeigersinn und in $\triangle A'B'C'$ im Uhrzeigersinn durchlaufen.
- Zueinander symmetrische Geraden sind parallel (z. B. AC und A'C') oder sie schneiden sich auf der Achse (z. B. AB und A'B').

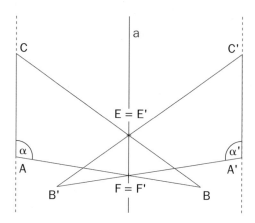

Konstruktion von Spiegelpunkten

Spiegelpunkte konstruiert man entweder mit dem Geodreieck, indem man den Abstand eines Punktes von der Achse auf die andere Seite überträgt,

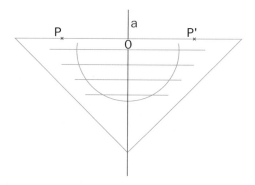

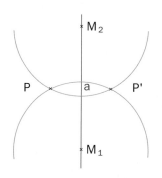

oder mit Zirkel und Lineal, indem man zwei Kreise mit Mittelpunkten auf a durch P zeichnet.

Alles klar?! **Konstruktion der Symmetrieachse**

Man zeichnet zwei Kreise mit gleichem (genügend großem) Radius um P und P'. Die Gerade durch die beiden Schnittpunkte ist die Symmetrieachse.

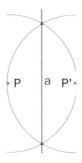

Merke: Eine Figur, die bei einer Achsenspiegelung auf sich selbst abgebildet wird, heißt achsensymmetrisch.

Übung 1 **Spiegele das Dreieck.**

Gegeben sind die Punkte A (1|1), B (3|1), C (1|5) und P (5|5).

a) Spiegele △ABC an der y-Achse und gib die Koordinaten der Spiegelpunke an:

   A' (|), B' (|), C' (|)

b) Spiegele △ABC an der Achse AP und gib die Koordinaten der Spiegelpunke an:

   A'' (|), B'' (|), C'' (|)

Übung 2 **Konstruiere die Symmetrieachse.**

P (2|− 1) hat von der Symmetrieachse der Punkte A (− 2|1) und A' (4|3)

den Abstand   0 LE   1,2 LE   2,5 LE   3 LE

Übung 3 **Achsensymmetrisch oder nicht?**

A C H S E N

Zeichne in jedem Buchstaben die Symmetrieachse(n) ein, falls vorhanden.

Übung 4 **Wie viele Symmetrieachsen hat die Figur?**

Kreuze die richtige Anzahl an.

Anzahl der Symmetrieachsen	0	1	2	> 2
a) Gleichschenkliges Dreieck mit $\alpha = 70°$				
b) Gleichseitiges Dreieck				
c) Rechtwinkliges Dreieck mit $\alpha = 70°$				
d) Rechteck mit $a \neq b$				
e) Quadrat				
f) Kreis				
g) Zwei sich kreuzende Geraden (nicht senkrecht)				
h) Winkel mit gleich langen Schenkeln				

 Übung 5 **Konstruiere die Spiegelgerade.**

Gegeben: A (1|1), B (5|5), C (1|5), Q (– 2|0,5). Konstruiere die Spiegelgerade A′C′
zu A C mit Symmetrieachse A B. Q hat von der Spiegelgeraden den Abstand

0 LE   0,5 LE   1 LE   2 LE

5.2 Mittelsenkrechte, Winkelhalbierende und Lote

Alles klar?! **Konstruktion von Mittelsenkrechte und Mittelpunkt**

Gegeben ist die Strecke [AB]. Die Symmetrie-
achse der Punkte A und B steht senkrecht auf
der Strecke und halbiert sie. Deshalb heißt die
Symmetrieachse auch **Mittelsenkrechte** der
Strecke [AB]. Ihr Schnittpunkt mit [AB] ist der
Mittelpunkt von [AB].

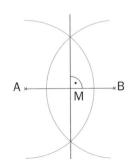

Konstruktion einer Winkelhalbierenden

Gegeben ist ein Winkel α. Gesucht ist eine Halbgerade,
die den Winkel halbiert. Diese **Winkelhalbierende** ist die
Symmetrieachse des Winkels.

- Zeichne um den Scheitel S einen Kreisbogen,
  der die Schenkel in A und B schneidet.
- Zeichne um A und B zwei Kreise mit
  gleichem Radius.
- Verbinde den von S abgewandten
  Schnittpunkt P mit S.

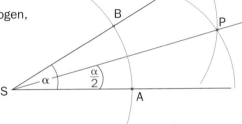

**Konstruktion des Lotes von einem Punkt
P auf eine Gerade**

a) P liegt außerhalb der Geraden („Lot fällen").

- Konstruiere den Spiegelpunkt P' und
  verbinde ihn mit P.
- F heißt **Lotfußpunkt**, $\overline{PF}$ ist der Abstand des
  Punktes P von der Geraden.

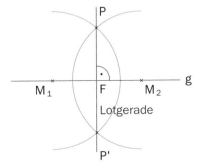

b) P liegt auf der Geraden („Lot errichten").

- Zeichne einen Kreis um P, der g in zwei
  Punkten A und B schneidet.
- Konstruiere die Mittelsenkrechte zu [AB]

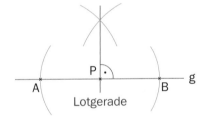

Übung 1 **Konstruiere die Winkel.**

Konstruiere, ausgehend von einem rechten Winkel,
a) einen Winkel α mit dem Maß 22,5°, b) einen Winkel β mit dem Maß 78,75°

 Übung 2 **Konstruiere das Lot.**

Gegeben sind die Punkte A (– 1|– 3), B (5|1) und C (2|4).
Konstruiere das Lot von C auf AB und miss den Abstand des Punktes C von AB. Er beträgt:

2,7 LE   3,8 LE   4,2 LE   4,8 LE

 Übung 3 **Konstruiere die Mittelsenkrechte.**

Gegeben sind die Punkte A (1|6) und B (6|3).
a) Die Mittelsenkrechte der Strecke [AB] schneidet die x-Achse im Punkt

(0|0)   (0,8|0)   (1,2|0)   (1,5|0)

b) Der Mittelpunkt der Strecke [AB] hat die Koordinaten

(2,5|4,5)   (3|4)   (3,5|4,5)   (3,5|4)

 Übung 4 **Halbiere drei Winkel.**

Zeichne ein Dreieck ABC mit A (– 1|– 1), B (5|– 1) und C (3|5) in ein Koordinatensystem
und konstruiere alle Winkelhalbierenden. Was fällt dir auf?

 Übung 5 **Fälle und errichte die Lote.**   ×P

a) Fälle das Lot von P auf g.
b) Errichte in Q das Lot auf g.

g ————————————×
Q

c) Wie verlaufen die beiden Lotgeraden zueinander?

 Übung 6 **Konstruiere die Parallele.**

Gegeben ist eine Gerade g. Konstruiere mit Zirkel und Lineal eine Parallele dazu im
Abstand a. (Tipp: Lote errichten!)

————————
a

—————————————————— g

54   *Lösungen Seite 112*

5.3 Punktsymmetrie

Alles klar?! **Punktsymmetrische Figuren**

Zwei Punkte P und P' heißen **punktsymmetrisch**
bezüglich eines Symmetriezentrums Z, wenn die
Verbindungsstrecke [PP'] von Z halbiert wird.
Nur der Punkt Z stimmt mit seinem Spiegelpunkt überein (Z = Z')

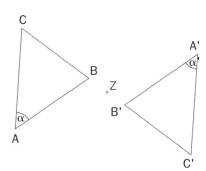

An zueinander punktsymmetrischen Figuren kann
man folgende Eigenschaften erkennen:
* Zueinander symmetrische Strecken sind gleich lang
  und parallel, z. B. $\overline{AB} = \overline{A'B'}$ und [AB] || [A'B']
* Zueinander symmetrische Winkel sind
  gleich groß, z. B. $\alpha = \alpha'$
* Der Umlaufsinn von Figuren ändert sich nicht.
* Zueinander symmetrische Geraden sind
  parallel (z. B. AC und A'C').

Konstruktion von Spiegelpunkten

Entweder mit dem Geodreieck, indem
man den Abstand eines Punktes von Z
auf die andere Seite überträgt.

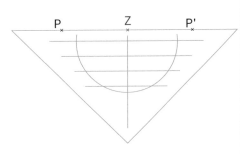

Oder mit Zirkel und Lineal: Man zeichnet die
Halbgerade [AZ und einen Kreis um Z mit
Radius $\overline{AZ}$. Dieser Kreis schneidet die
Halbgerade [AZ im Punkt A'.

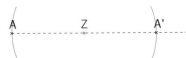

Konstruktion des Symmetriezentrums

* Entweder als Mittelpunkt der Strecke [PP']
* Oder als Schnittpunkt von Strecken [AA'] und [BB']

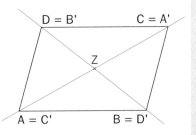

Merke: Eine Figur, die bei einer Punktspiegelung
auf sich selbst abgebildet wird, heißt punktsymmetrisch.

Übung 1 **Spiegele das Dreieck an Z.**

Gegeben sind die Punkte A (– 1|1), B (– 1|5), C (– 3|3) und Z (1|1).
Spiegle $\triangle ABC$ an Z.

Übung 2 **Konstruiere Z und spiegele das Dreieck.**

Gegeben: A (– 3,5 | 2,5), B (– 1,5 | 0), C (0 | 4,5), A' (5,5 | 2,5), B' (3,5 | 5).
Konstruiere Z und zeichne die zu Z punktsymmetrischen Dreiecke ABC und A'B'C'.

Übung 3 **Achsensymmetrisch? Punktsymmetrisch?**

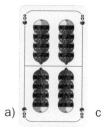

Fülle die Tabelle aus.

Spielkarte	Anzahl Symmetrieachsen	Punktsymmetrisch Ja/nein?
a) Schell-8		
b) Eichel-Ober		
c) Herz-König		
d) Laub-As		

a)   c)

b)   d)

Übersicht über die symmetrischen Vierecke mit Symmetrieachsen und -zentren:

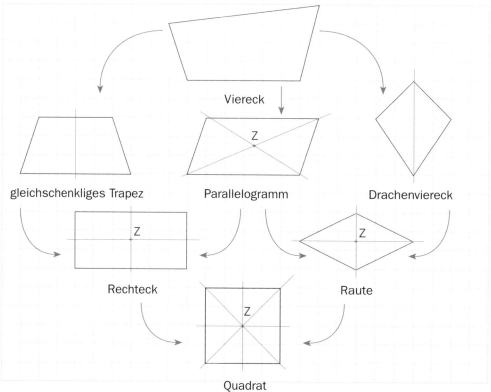

STOPP!
Zuerst die Lernkärtchen
durcharbeiten!

Abschlusstest (15 Minuten)

Aufgabe 1   Spiegele die Figur an der Achse a.

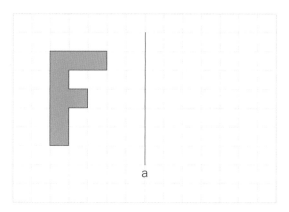

a

Punkte: ☐ von 2

Aufgabe 2   Spiegele die Figur am Punkt Z.

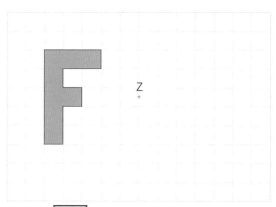

Z

Punkte: ☐ von 3

Aufgabe 3   Zeichne in jedem Buchstaben Symmetrieachse(n) und
-zentrum ein, wo vorhanden.

H T O N P

Punkte: ☐ von 2

Aufgabe 4   **Wahr oder falsch? Kreuze w oder f an.**

	w	f
a) Eine punktsymmetrische Figur kann nicht zugleich achsensymmetrisch sein.	❏	❏
b) Ein Parallelogramm mit Symmetrieachsen ist ein Rechteck.	❏	❏
c) Beim Parallelogramm halbiert Z die Diagonalen.	❏	❏
d) Ein punktsymmetrisches Dreieck gibt es nicht.	❏	❏

Punkte: ☐ von 4

Aufgabe 5   **Zeichne ein Dreieck ABC mit A (0|0), B (6|0) und C (3|3).**

Konstruiere die Mittelsenkrechten der drei Seiten.

Sie schneiden sich im Punkt P (|).

Punkte: ☐ von 4

Punkte: ☐ von 15

13–15 Punkte: Bravo! Du kennst dich gut mit Symmetrie aus.
 8–12 Punkte: Ist dir klar, was für Fehler du gemacht hast? Wenn nicht, dann
                schlage beim entsprechenden Unterkapitel (z. B. 5.2) nach.
  0–7 Punkte: Du solltest dieses Kapitel noch einmal durcharbeiten.

Winkel

Winkel werden mit griechischen Buchstaben bezeichnet.
Du musst aber nicht das gesamte Alphabet kennen.

α	Alpha	ι	Iota	ρ	Rho
β	Beta	κ	Kappa	σ	Sigma
γ	Gamma	λ	Lambda	τ	Tau
δ	Delta	μ	My	υ	Ypsilon
ε	Epsilon	ν	Ny	φ	Phi
ζ	Zeta	ξ	Xi	χ	Chi
η	Eta	ο	Omikron	ψ	Psi
ϑ	Theta	π	Pi	ω	Omega

Was heißt wohl γεωμετρία ?

Winkel an Kreuzungen

Alles klar?! Winkel an einer Geradenkreuzung

Zur Erinnerung: Ein Vollwinkel misst 360°.
Die Summe der Winkel an einer Geradenkreuzung beträgt daher 360°.

Scheitelwinkel sind gleich groß.   Die Summe zweier Nebenwinkel ist 180°.

Winkel an einer Doppelkreuzung

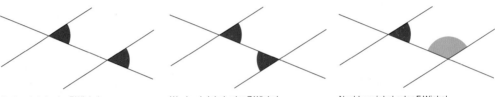

Stufenwinkel oder F-Winkel   Wechselwinkel oder Z-Winkel   Nachbarwinkel oder E-Winkel

Sind zwei Geraden an einer Doppelkreuzung parallel, so sind Stufen- und Wechselwinkel gleich groß, die Summe zweier Nachbarwinkel ist 180°. Umgekehrt gilt auch: Sind Stufen- und Wechselwinkel gleich groß oder ergänzen sich Nachbarwinkel zu 180°, so sind die entsprechenden Geraden parallel zueinander.

Übung 1   **Kreuzung mit drei Straßen**

Bestimme die übrigen Winkel.

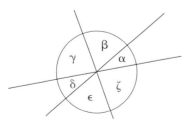

$\alpha = 30°$ $\beta = 70°$

$\gamma =$ $\delta =$

$\epsilon =$ $\zeta =$

Übung 2   **Doppelkreuzung**

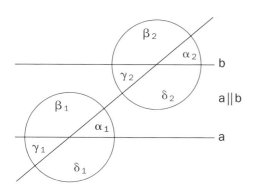

α_1 und _____ sind Stufenwinkel.

α_1 und _____ sind Wechselwinkel.

α_1 und _____ sind Ergänzungswinkel.

$\alpha_1 = 40°$ $\beta_1 = $ _____

$\gamma_1 = $ _____ $\delta_1 = $ _____

$\alpha_2 = $ _____ $\beta_2 = $ _____

$\gamma_2 = $ _____ $\delta_2 = $ _____

Übung 3   **ABCD ist ein Parallelogramm.**

Bestimme die übrigen Winkel.

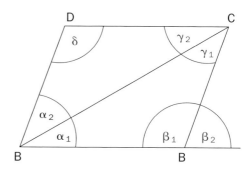

$\alpha_1 = 30°$ $\alpha_2 = 40°$

$\beta_1 = $ _____ $\beta_2 = $ _____

$\gamma_1 = $ _____ $\gamma_2 = $ _____

$\delta = $ _____

Übung 4   **Gerade mit Knick**

Bestimme α.

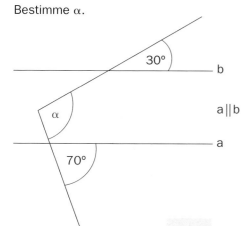

$\alpha = $ _____

Übung 5   **Vier Kreuzungen (Trapez)**

Trage die fehlenden Winkelmaße in die Figur ein.

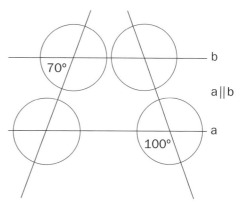

Winkelsumme

Alles klar?! **Winkel in Dreiecken**

In jedem Dreieck beträgt die Winkelsumme 180°.

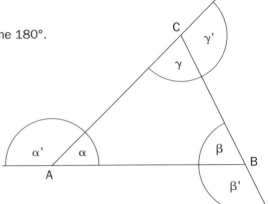

Außenwinkel

Die Winkel α', β' und γ' heißen
Außenwinkel des Dreiecks ABC.
Jeder Außenwinkel eines Dreiecks ist
gleich der Summe der beiden nicht
anliegenden Innenwinkel.
$\alpha' = \beta + \gamma$, $\beta' = \alpha + \gamma$, $\gamma' = \alpha + \beta$

Winkel in Vierecken

Das Viereck wird durch die Diagonale
in zwei Dreiecke zerlegt. In jedem
Dreieck beträgt die Winkelsumme
180°.
→ $\alpha_1 + \alpha_2 + \beta + \gamma_1 + \gamma_2 + \delta = 360°$
In jedem Viereck beträgt die Winkel-
summe 360°.

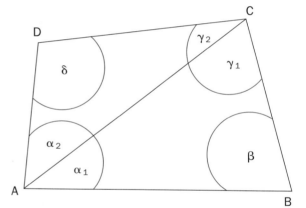

Übung 1 **Innenwinkel und Außenwinkel eines Dreiecks. Ergänze die fehlenden
Winkelmaße, falls möglich.**

α	α'	β	β'	γ	γ'
50°			100°		
	152°			70° 30'	
			30°		90°

Übung 2 **Berechne β mit α = 40°.**

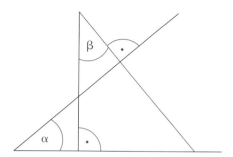

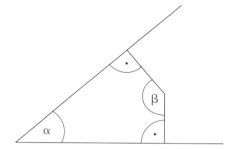

a) β = ⬚

b) β = ⬚

Übung 3 **Bestimme die fehlenden Winkel.**

a) Drachenviereck

b) Gleichschenkliges Dreieck
mit $\overline{AC} = \overline{BC}$, $\alpha_1 = \alpha_2$

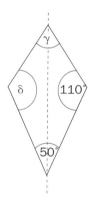

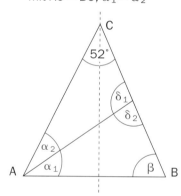

γ = ⬚   δ = ⬚

α_1 = ⬚ α_2 = ⬚

β = ⬚ δ_1 = ⬚

c) Trapez

δ_2 = ⬚

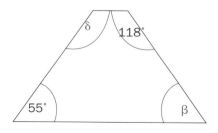

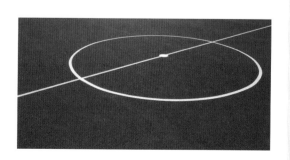

β = ⬚   δ = ⬚

Übung 4   **Wir umrunden ein Fünfeck.**

Stell dir vor, du gehst auf den Linien eines auf dem Boden aufgemalten großen Fünfecks um das Fünfeck herum. Du beginnst bei P und gehst in Richtung B. Bei B drehst du dich um den Winkel β', gehst in Richtung C und weiter, bis du wieder in P ankommst.

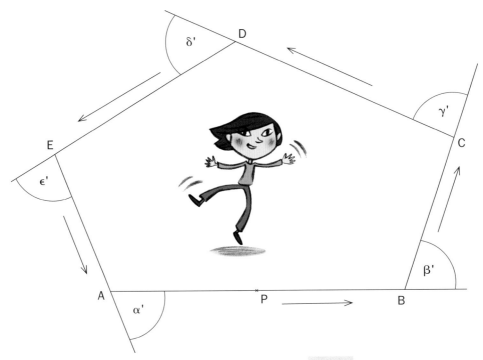

a) Um wie viel Grad hast du dich insgesamt gedreht?

b) Also beträgt die Summe der Außenwinkel eines Fünfecks   .

c) Gilt das Gleiche auch für ein Dreieck?   ja   nein

 Übung 5   **Winkelsumme beim *n*-Eck**

a) Zerlege ein Fünfeck ABCDE durch Diagonalen, die durch einen Eckpunkt gehen, in Dreiecke. Wie viele Dreiecke sind es?

   Was folgt daraus für die Winkelsumme im Fünfeck? Sie beträgt   .

b) Verfahre ebenso mit einem Sechseck ABCDEF.

   Die Winkelsumme im Sechseck beträgt   .

c) Kannst du einen Term für die Winkelsumme im *n*-Eck aufstellen?

Abschlusstest (15 Minuten)

Aufgabe 1   **Dreieck mit Parallele**

$\alpha = 40°$ $\beta' = 120°$

$\beta =$ $\gamma =$

$\delta =$ $\epsilon =$

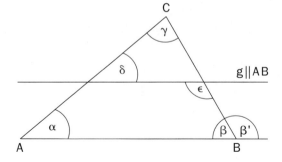

Punkte: [ ] von 2

Aufgabe 2   **Dreieck mit rechtem Winkel**

$\beta = 40°$ $\alpha =$

$\gamma_1 =$ $\gamma_2 =$

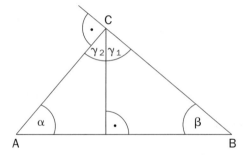

Punkte: [ ] von 2

Aufgabe 3   **Konkaves Viereck**

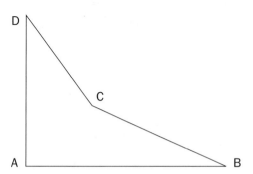

Die Summe der Innenwinkel beträgt

Punkte: [ ] von 2

Aufgabe 4 **Symmetrisches Fünfeck**

α =

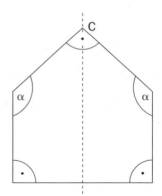

Punkte: ☐ von 2

 Aufgabe 5 **Reguläres Sechseck**

α =   β =

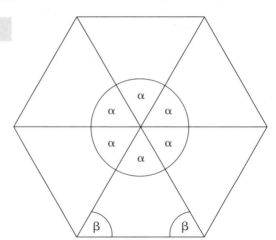

Punkte: ☐ von 2

Punkte: ☐ von 10

9–10 Punkte: Bravo! Du kennst dich gut mit Winkeln aus.

6–8 Punkte: Ist dir klar, was für Fehler du gemacht hast? Wenn nicht, dann
               schlage beim entsprechenden Unterkapitel (z. B. 6.2) nach.

0–6 Punkte: Du solltest dieses Kapitel noch einmal durcharbeiten.

Kongruenz
und Dreiecke

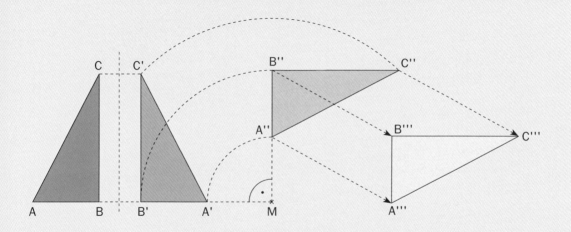

7.1 Kongruente Figuren

 Alles klar?! **Kongruenz**

Exakte Definition: (siehe Bild auf S. 67). Zwei Figuren sind genau dann deckungsgleich oder kongruent, wenn sie durch Kongruenzabbildungen (Achsenspiegelung, Punktspiegelung, Drehung, Verschiebung) aufeinandeabgebildet werden können. Kongruente Figuren stimmen in allen Bestimmungsstücken (Längen, Winkel) überein.

Anschauliche Definition: Zwei Figuren, die man ausgeschnitten (und gedreht, verschoben oder umgeklappt) so aufeinanderlegen kann, dass sie zur Deckung kommen, nennt man kongruent. Für „F_1 ist kongruent zu F_2" schreibt man: F1 $\cong$ F2.

Beispiele:

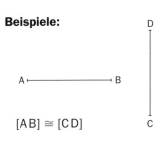

$[AB] \cong [CD]$

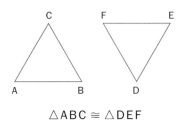

$\triangle ABC \cong \triangle DEF$

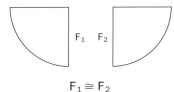

$F_1 \cong F_2$

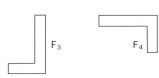

$F_3 \cong F_4$

 Übung 1 **Paarbildung**

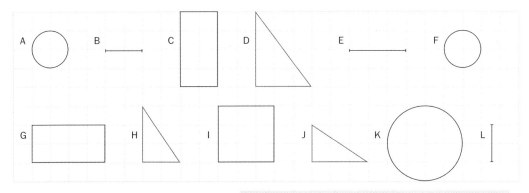

Nenne 4 Paare von kongruenten Figuren.

Übung 2 **Quaderbox**

a) Welche Kanten (z. B. [AB]) sind
zueinander kongruent?

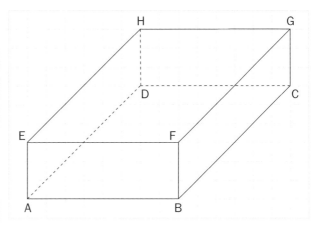

b) Welche Seitenflächen
(z. B. ABCD) sind zueinander
kongruent?

Übung 3 ★ **Knobel knobel**

Wie viele verschiedene Paare von
kongruenten Figuren sind in dieser
Figur enthalten (ohne kongruente
Strecken, ohne Paare mit nur einer
Figur, die zu sich selbst kongruent
ist)?

Es sind   Paare.

Tipp: Es ist eine Primzahl.

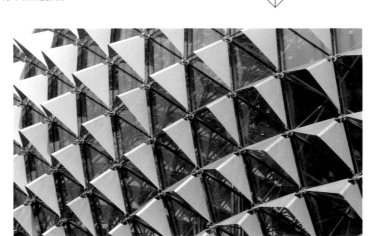

7.2 Kongruenz von Dreiecken

 Alles klar?! Kongruenzsätze für Dreiecke

Frage: Wie viele übereinstimmende Paare von Stücken (Seiten, Winkel) muss man kennen, um mit Sicherheit sagen zu können, dass zwei Dreiecke kongruent sind?
Antwort: Mindestens drei, und es muss mindestens eine Seite dabei sein, und die Stücke müssen in beiden Dreiecken wie folgt liegen:

Kongruenzsätze für Dreiecke

Zwei Dreiecke sind zueinander kongruent, wenn sie

- in allen drei Seiten übereinstimmen (**SSS**).

- in einer Seite und zwei gleichliegenden Winkeln übereinstimmen (**WSW** bzw. **SWW**).

- in zwei Seiten und dem Zwischenwinkel übereinstimmen (**SWS**).

- in zwei Seiten und dem Gegenwinkel der längeren Seite übereinstimmen (**SsW**).

Sofern für zwei Dreiecke einer der Kongruenzsätze gilt, sind auch die übrigen einander entsprechenden Seiten und Winkel gleich groß. Damit kann man geometrische Beweise führen („Kongruenzbeweis").

Beispiel: Die Lote von einem Punkt einer Winkelhalbierenden auf die beiden Schenkel des Winkels sind gleich lang.

Beweis: Wir zeigen, dass die Dreiecke AEP und APF zueinander kongruent sind.
$\overline{AP} = \overline{AP}$ (gemeinsame Seite in beiden Dreiecken)
$\alpha_1 = \alpha_2$ (weil w Winkelhalbierende ist)
$\sphericalangle AEP = \sphericalangle PFA = 90°$ (wegen Lot)
$\rightarrow \triangle AEP \equiv \triangle APF$ (wegen SWW)
$\rightarrow \overline{FP} = \overline{EP}$, was zu beweisen war.

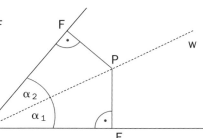

Übung 1   **Kongruent oder nicht?**

Gib an, ob die Dreiecke ABC und $A_1B_1C_1$ sicher kongruent sind.
Wenn ja, begründe es mit einem Kongruenzsatz.

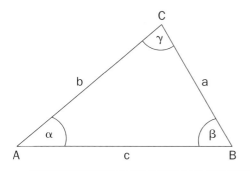
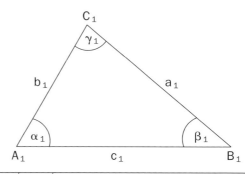

		Nein	Ja, wegen…
a)	$\overline{AB} = \overline{A_1C_1}$, $\overline{BC} = \overline{A_1B_1}$, $\overline{AC} = \overline{B_1C_1}$		
b)	$\overline{AC} = \overline{B_1C_1}$, $\alpha = \gamma_1$, $\gamma = \beta_1$		
c)	$b = c_1$, $c = a_1$, $\alpha = \beta_1$		
d)	$a = b_1$, $\gamma = \gamma_1$, $\alpha = \beta_1$		
e)	$c = c_1$, $b = a_1$, $\gamma = \gamma_1$ mit $c > b$ und $c_1 > a_1$		
f)	$a = c_1$, $c = b_1$, $\beta = \gamma_1$		
g)	$a = b_1$, $\beta = \alpha_1$, $\alpha = \gamma_1$		

Übung 2   **Beweis**

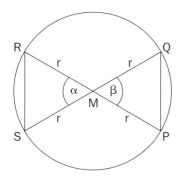

Mit welchem Kongruenzsatz kann man
zeigen, dass $\triangle SMR \equiv \triangle MPQ$?

Was folgt daraus für $\overline{RS}$ und $\overline{PQ}$?

Übung 3   **Parallelogramm**

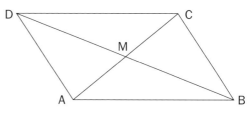

a) Welche der Teildreiecke ABM, BCM, CDM
und DAM sind zueinander kongruent, und
warum?

b) Gibt es noch andere kongruente Dreiecke
in dieser Figur?

7.3 Dreieckskonstruktionen

 Alles klar?! **Übliche Bezeichnungen bei Dreiecken**

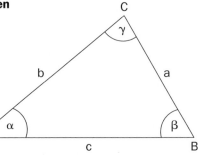

Sätze über Dreiecke
1. Die Winkelsumme beträgt 180° (siehe Kap. 6.2).
2. Die Summe zweier Seitenlängen ist stets größer
   als die dritte Seite (Dreiecksungleichung).
3. Der größeren Seite liegt stets der größere
   Winkel gegenüber, und umgekehrt.

Konstruktion von Dreiecken
Ein Dreieck ABC ist dann eindeutig* konstruierbar, wenn die gegebenen Stücke einem
der Kongruenzsätze entsprechen und kein Widerspruch zu den oben genannten Sätzen
auftritt.

* Eindeutig dann, wenn man wie üblich von zwei kongruenten Lösungen nur diejenige mit
positivem Umlaufsinn (A→B→C im Gegenuhrzeigersinn) beachtet.

1. Beispiel: Konstruiere ein Dreieck ABC aus a = 4 cm, b = 6 cm und c = 5 cm.
Die Angaben entsprechen SSS.

Planfigur:

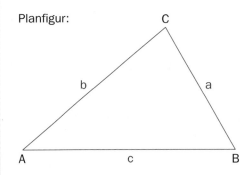

Konstruktionsbeschreibung:
1. Antragen (Zeichnen) von [AB]
   mit $\overline{AB}$ = c (oder auch kurz
   „Mit [AB] sind A und B gegeben.")
2. C liegt auf
   • dem Kreis um A mit
     Radius b (kurz: k (A; b))
   • dem Kreis um B mit
     Radius a (B; a)

Konstruktion:

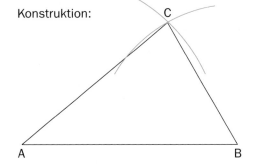

2. Beispiel: Konstruiere ein Dreieck ABC aus c = 6 cm, α = 50° und γ = 100°.
Die Angaben entsprechen SWW.

Planfigur:

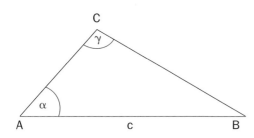

Es gibt mehrere Möglichkeiten für
die Konstruktion. Eine besteht darin,
zuerst β zu berechnen oder – noch
besser – zu konstruieren.

Konstruktionsbeschreibung:
1. Konstruktion von β als Nebenwinkel von α + γ
2. Antragen von [AB] mit $\overline{AB}$ = c
3. C liegt
   - auf dem freien Schenkel des Winkels α, der in A an [AB] angetragen wird
   - auf dem freien Schenkel des Winkels β, der in B an [AB] angetragen wird

Konstruktion:

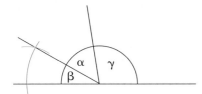
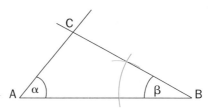

Übung 1   **Kann man mit den gegebenen Stücken eindeutig ein Dreieck ABC
konstruieren?**

	Ja	Nein
a) α = 30°, β = 60°, γ = 90°	❏	❏
b) a = 3 cm, b = 2 cm, c = 6 cm	❏	❏
c) c = 6 cm, α = 90°, β = 100°	❏	❏
d) a = 6 cm, b = 4 cm, β = 60°	❏	❏
e) a = 6 cm, b = 4 cm, γ = 160°	❏	❏

Übung 2   **Konstruiere ein Dreieck ABC in deinem Übungsheft (mit Konstruktionsbeschreibung).**

a) a = 6,0 cm, b = 5,0 cm, c = 7,5 cm
b) b = 9,0 cm, c = 6,0 cm, α = 65°
c) c = 7,0 cm, α = 80°, β = 40°
d) a = 4,5 cm, b = 6,5 cm, β = 75°
e) a = 5,0 cm, b = 4,0 cm, β = 45°
   (Achtung, es gibt zwei Lösungen!)
f) b = 5,5 cm, β = 45°, γ = 70°

7.4 Das gleichschenklige Dreieck

Alles klar?! Bezeichnungen bei gleichschenkligen Dreiecken

Ein Dreieck mit zwei gleich langen Seiten heißt gleichschenklig.

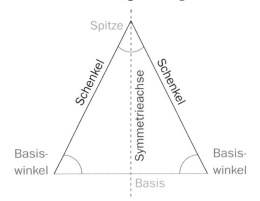

Sätze über gleichschenklige Dreiecke:
1. Jedes achsensymmetrische Dreieck ist gleichschenklig. Jedes gleichschenklige Dreieck ist achsensymmetrisch.
2. In jedem gleichschenkligen Dreieck sind die Basiswinkel gleich groß.
3. Ein Dreieck mit zwei gleich großen Winkeln ist gleichschenklig.

Übung 1 Berechne die fehlenden Winkel des gleichschenkligen Dreiecks ABC.

	α	β	γ
a)		60°	
b)	120°		
c)		2α	α

Übung 2 Konstruiere in deinem Übungsheft jeweils ein gleichschenkliges Dreieck **ABC** mit folgenden Angaben und miss die genannte Größe.

a) Basislänge $\overline{AB} = 6{,}0\,\text{cm}$; $\alpha = 30°$. Miss $\overline{AC}$. $\overline{AC} =$ cm

b) Winkel an der Spitze $\alpha = 75°$; $\overline{AB} = 7{,}0\,\text{cm}$. Miss $\overline{CB}$. $\overline{AC} =$ cm

c) Basislänge $\overline{BC} = 6{,}0\,\text{cm}$; $\overline{AB} = 5{,}0\,\text{cm}$. Miss β. $\beta =$ °

d) Basiswinkel $\alpha = \gamma = 70°$; $\overline{AB} = 7{,}0\,\text{cm}$. Miss $\overline{AC}$. $\overline{AC} =$ cm

Übung 3 Winkel berechnen.

Dreieck ABC ist gleichschenklig.
Berechne folgende Winkel:

$\beta_1 =$

$\delta \;=$

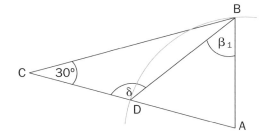

Alles klar?! Das gleichseitige Dreieck

Ein gleichschenkliges Dreieck
mit drei Symmetrieachsen heißt
gleichseitiges Dreieck. Alle
Seiten sind gleich lang, jeder
Winkel misst 60°.

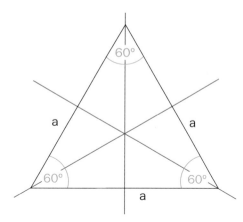

Konstruktion eines gleichseitigen Dreiecks mit Seitenlänge a

1. Antragen von [AB] mit $\overline{AB}$ = a
2. C liegt auf
   - k(A; a)
   - k(B; a)

Damit haben wir einen 60°-Winkel
konstruiert. Durch Halbieren kann man
auch Winkel von 30°, 15° und so fort
konstruieren.

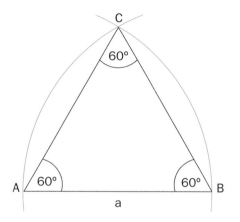

Übung 4   Konstruktion

Konstruiere in deinem Übungsheft ein gleichseitiges Dreieck ABC mit Seitenlänge 7 cm.
Konstruiere mithilfe dieses Dreiecks einen Winkel von 75°.

Übung 5   Wahr oder falsch?

	Wahr	Falsch
a) Alle gleichseitigen Dreiecke sind zueinander kongruent.	❏	❏
b) Ein gleichschenkliges Dreieck mit einem 60°-Winkel ist gleichseitig.	❏	❏
c) Ein Basiswinkel eines gleichschenkligen Dreiecks kann nicht 90° betragen.	❏	❏
d) Zwei gleichschenklige Dreiecke sind kongruent, wenn sie die gleiche Basislänge und den gleichen Winkel an der Spitze haben.	❏	❏
e) Ein Rechteck wird durch seine Diagonalen in vier gleichschenklige Dreiecke zerlegt.	❏	❏
f) Ein gleichschenkliges Dreieck mit einem 90°-Winkel gibt es nicht.	❏	❏

7.5 Das rechtwinklige Dreieck

Alles klar?! **Bezeichnungen beim rechtwinkligen Dreieck**

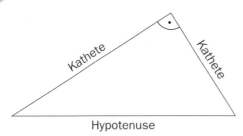

Satz des Thales: Ein Dreieck ABC hat genau dann bei C einen rechten Winkel, wenn die Ecke C auf dem Halbkreis über [AB] liegt.

Der Kreis mit dem Durchmesser [AB] heißt der **Thaleskreis** über [AB].

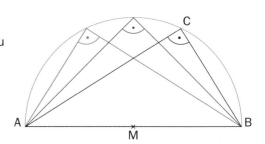

Man kann den Thaleskreis verwenden, um rechtwinklige Dreiecke zu konstruieren.

Beispiel: Konstruiere ein bei C rechtwinkliges Dreieck ABC mit $\overline{AB}$ = 6 cm und α = 40°.
1. Zeichne [AB] mit Länge 6 cm.
2. Konstruiere den Mittelpunkt M von [AB].
3. Zeichne den Thaleskreis über [AB] (wegen des Umlaufsinns von Dreieck ABC genügt ein Halbkreis).
4. Trage in A den Winkel α an [AB] an.

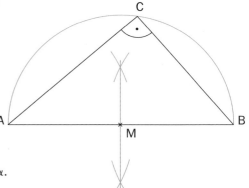

C erhält man als Schnittpunkt des Thaleskreises und des freien Schenkels von α.

Übung 1 **Konstruiere jeweils ein rechtwinkliges Dreieck ABC und miss eine Seite.**

a) mit Hypotenuse $\overline{BC}$ = 10 cm und $\overline{AB}$ = 6,0 cm.　　　$\overline{AC}$ = ⬛⬛⬛ cm

b) mit $\overline{AB}$ = 7 cm, β = 30° und γ = 90°.　　　$\overline{AC}$ = ⬛⬛⬛ cm

c) mit α = 90°, $\overline{AB}$ = 3,0 cm und $\overline{AC}$ = 4,0 cm.　　　$\overline{BC}$ = ⬛⬛⬛ cm

d) mit A (− 2 | −2), B (5 | 0), C (0 | ?) und γ = 90°.　　　$\overline{BC}$ = ⬛⬛⬛ cm

e) mit $\overline{BC}$ = 8,0 cm und $\overline{AB}$ = $\overline{AC}$.　　　$\overline{AC}$ = ⬛⬛⬛ cm

Übung 2   **Fahnenmast**

Wenn die Sonnenstrahlen unter
einem Winkel von 40° auf den
Erdboden fallen, ist der Schatten
des Fahnenmasts 8,2 m lang.
Bestimme durch eine Zeichnung
im Maßstab 1 : 100 die Höhe des
Fahnenmasts.

Der Fahnenmast ist   m hoch.
(1 Kommastelle)

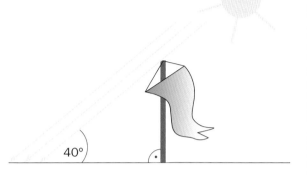

Übung 3   ★ **Tangentenkonstruktion**

Gegeben: r = 4,0 cm; $\overline{PM}$ = 8,0 cm
Konstruiere die Tangenten von P an den Kreis.
Achtung: Eine Zeichnung der Tangenten durch
bloßes Anlegen des Lineals an den Kreis
ist keine Konstruktion. B_1 und B_2
müssen konstruiert werden.
Miss $\overline{PB_1}$ und $\overline{PB_2}$.

$\overline{PB_1}$ =   cm

$\overline{PB_2}$ =   cm (1 Kommastelle)

(verkleinerte Darstellung)

Übung 4   ★ **Das Land des Schweinehirten**

Es war einmal ein Schweinehirt, dem
schenkte sein Herr für treue Dienste
ein Stück Land, und zwar mit folgenden Worten: „Siehst du die zwei Bäume dort? Alles Land, von dem aus du
die zwei Bäume unter einem stump-
fen Winkel siehst, soll dir gehören."
Der Schweinehirt war hocherfreut und
besorgte sich sogleich ein Seil, um
sein Grundstück zu markieren.
Wie ging er dabei vor?

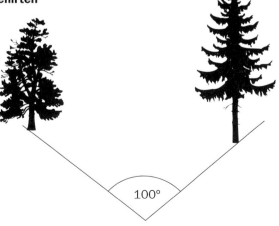

STOPP!
Zuerst die Lernkärtchen
durcharbeiten!

Abschlusstest (15 Minuten)

 Aufgabe 1 **Wie breit ist der Fluss?**

Konstruiere △ABC im Maßstab
1 : 1000 und bestimme damit die
Breite des Flusses. Runde auf
eine natürliche Zahl.

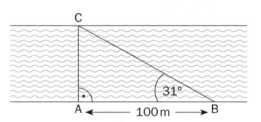

(verkleinerte Darstellung)

Der Fluss ist ▢ m breit.

Punkte: ▢ von 2

 Aufgabe 2 **Sind △ABC und △A'B'C' sicher kongruent? Wenn ja, nach welchem Kongruenzsatz?**

a) $a = c'$, $\beta = \alpha'$, $\gamma = \beta'$ ❏ Ja, wegen ▢ ❏ Nein

b) $\alpha = \gamma' = 100°$, $a = c'$, $c = a'$ ❏ Ja, wegen ▢ ❏ Nein

Punkte: ▢ von 2

 Aufgabe 3 **Ist △ABC eindeutig konstruierbar?**

a) $a = 4\,cm$, $b = 5\,cm$, $\alpha = 40°$ ❏ Ja ❏ Nein

b) $a = 3\,cm$, $b = 4\,cm$, $c = 8\,cm$ ❏ Ja ❏ Nein

Punkte: ▢ von 2

 Aufgabe 4 **Konstruiere ein gleichschenkliges Dreieck ABC mit**

$\overline{AC} = 8{,}0\,cm$ und $\beta = 100°$. Miss $\overline{AB}$. $\overline{AB} =$ ▢ (1 Kommastelle)

Punkte: ▢ von 2

Punkte: ▢ von 8

8 Punkte:	Bravo! Du kennst dich gut mit Dreiecken aus.
5–7 Punkte:	Ist dir klar, was für Fehler du gemacht hast? Wenn nicht, dann schlage beim entsprechenden Unterkapitel (z. B. 7.2) nach.
0–4 Punkte:	Du solltest dieses Kapitel noch einmal durcharbeiten.

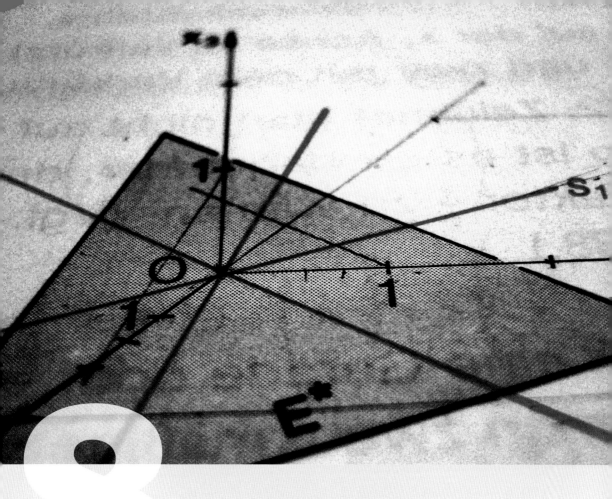

8

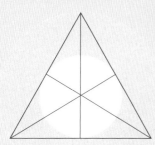

Besondere Linien im Dreieck und Konstruktionen

8.1 Mittelsenkrechte, Seitenhalbierende und Umkreis

 Alles klar?! **Mittelsenkrechte und Umkreismittelpunkt**

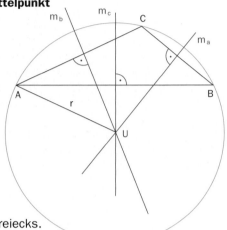

In Kapitel 5.2 haben wir die Konstruktion der Mittelsenkrechten einer Strecke behandelt.

Satz: Die drei Mittelsenkrechten (der Seiten) eines Dreiecks schneiden sich in einem Punkt, dem Umkreismittelpunkt.

Der Umkreismittelpunkt liegt
- bei spitzwinkligen Dreiecken im Dreieck
- bei rechtwinkligen Dreiecken im Mittelpunkt der Hypotenuse (der Thaleskreis ist Umkreis)
- bei stumpfwinkligen Dreiecken außerhalb des Dreiecks. Er hat von allen drei Ecken gleichen Abstand.

 Übung 1 **Umkreis zeichnen**

Zeichne $\triangle ABC$ mit $A(0|0)$, $B(8|0)$ und $C(5|5)$. Konstruiere die Mittelsenkrechten und den Umkreis.

Umkreismittelpunkt U =   Umkreisradius r =

 Übung 2 **Flächen gesucht**

Zeichne ein beliebiges spitzwinkliges Dreieck ABC, nicht zu klein.
Markiere mit verschiedenen Farben folgende Flächen innerhalb des Dreiecks:
a) die Fläche der Punkte, die näher bei A als bei B und C liegen,
b) die Fläche der Punkte, die näher bei B als bei A und C liegen,
c) die Fläche der Punkte, die näher bei C als bei A und B liegen.

Die Grenzen zwischen diesen Flächen liegen auf den
des Dreiecks.

 Übung 3 **Umkreis gesucht**

Von einem Dreieck ABC sind bekannt: $A(0|0)$, $B(6|0)$ und $\gamma = 90°$.
Bestimme den Umkreismittelpunkt U und den Umkreisradius r.

Umkreismittelpunkt U =   Umkreisradius r =

Tipp: Eine Zirkelmine kann man spitzen durch Reiben an einer rauen Fläche, z. B. Pappe.

Alles klar?!　**Seitenhalbierende und Schwerpunkt**

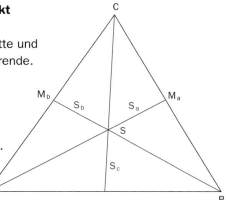

Die Verbindungsstrecke zwischen einer Seitenmitte und
der gegenüberliegenden Ecke heißt Seitenhalbierende.
In jedem Dreieck gibt es drei Seitenhalbierende.

Satz: In jedem Dreieck schneiden sich die
Seitenhalbierenden in einem Punkt. Diesen
Punkt nennt man den Schwerpunkt des Dreiecks.

Die Seitenhalbierenden der Seiten
a, b, c nennt man S_a, S_b, S_c.

Übung 4　**Schwerpunkt gesucht**

Zeichne Dreieck ABC mit A(0|0), B(6|0) und C(3|6).
Konstruiere die Seitenhalbierenden und bestimme die Koordinaten des Schwerpunkts.

Ergebnis:

Alles klar?!　**Dreieckskonstruktion mit einer Seitenhalbierenden**

Konstruiere ein Dreieck ABC mit
a = 4 cm, c = 5 cm und s_a = 4,5 cm.　　　Planfigur:

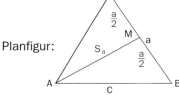

Man sucht nach einem konstruierbaren Teildreieck und findet △ABM.
Konstruktionsbeschreibung:　　　Konstruktion:
1. Antragen von [AB] mit $\overline{AB}$ = c
2. M liegt auf
   - k (A; s_a)
   - k (B; $\frac{a}{2}$)
3. C liegt auf
   - [BM
   - k (B; a)

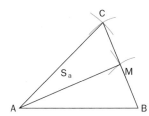

Übung 5　**Konstruiere ein Dreieck ABC.**

a)　mit b = 4,2 cm; s_b = 5,6 cm; α = 57°;　　　a = 　　　　　cm

b)　mit c = 3,5 cm; s_a = 4,0 cm; β = 55°;　　　b = 　　　　　cm

c)　mit b = c = 8,2 cm; Umkreisradius r = 4,5 cm;　a = 　　　　　cm

8.2 Höhen

 Alles klar?! **Höhen und ihre Schnittpunkte**

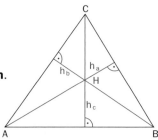

Die **Höhen** in einem Dreieck sind Lote von einem Eckpunkt auf die gegenüberliegende Seite (oder deren Ver-
längerung). Die drei Höhen eines Dreiecks sind **Strecken**.

Satz: In jedem Dreieck schneiden sich die drei Höhen
(oder deren Verlängerungen) in einem Punkt.

Höhen in einem rechtwinkligen Dreieck: Höhen in einem stumpfwinkligen Dreieck:

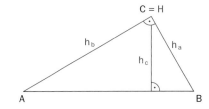

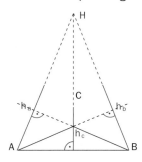

Erinnerung: Für den Flächeninhalt A eines Dreiecks gilt:

$A = \frac{1}{2} a \cdot h_a = \frac{1}{2} b \cdot h_b = \frac{1}{2} c \cdot h_c$ oder kurz: $A = \frac{1}{2} g \cdot h$

 Übung 1 **Höhen zeichnen**

Zeichne $\triangle ABC$ mit seinen Höhen. Miss ihre Länge und bestimme die Koordinaten des
Höhenschnittpunkts H.

a) A(0|0); B(8|0); C(5|5) $h_a =$ [____] LE; $h_b =$ [____] LE; $h_c =$ [____] LE H

b) A(0|0); B(8|0); C(4|4) $h_a =$ [____] LE; $h_b =$ [____] LE; $h_c =$ [____] LE H

c) A(0|0); B(8|0); C(3|2) $h_a =$ [____] LE; $h_b =$ [____] LE; $h_c =$ [____] LE H

 Übung 2 **Flächeninhalt bestimmen**

Zeichne $\triangle ABC$ und bestimme den Flächeninhalt des Dreiecks genau.

a) A(1|4); B(3|−2); C(5|4); $A =$ [____] FE

b) A(−1|4); B(−1|0); C(3|−4); $A =$ [____] FE

c) A(−1|4); B(−1|−1); C(3|−1); $A =$ [____] FE

Alles klar?! **Dreieckskonstruktion mit Höhe**

Konstruiere ein Dreieck ABC mit
$c = 6\,cm$, $\alpha = 60°$, $h_c = 3,5\,cm$.

Planfigur:

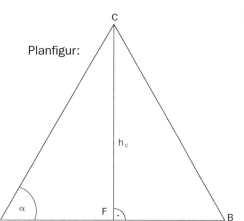

Konstruktionsplan:

Konstruktion:

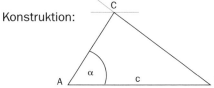

1. Antragen von [AB] mit $\overline{AB} = c$
2. C liegt
   - auf der Parallelen zu $\overline{AB}$ im Abstand h_c
   - auf dem freien Schenkel des Winkels α, angetragen an [AB] in A

Hinweis: Eine andere Möglichkeit besteht darin, zuerst Teildreieck AFC zu konstruieren.

Übung 3 **Konstruiere $\triangle ABC$ und miss eine Seite.**

a) $b = 5\,cm$; $c = 6\,cm$; $h_c = 4\,cm$ $a =$ _____ cm

b) $a = 6\,cm$; $\gamma = 70°$; $h_a = 3\,cm$ $c =$ _____ cm

c) $c = 7\,cm$; $h_c = 2\,cm$; $\gamma = 90°$ $a =$ _____ cm oder $a =$ _____ cm

Übung 4 ★ **Kniffliges Problem**

Ein Tieflader transportiert eine aufrecht stehende dreieckige Betonplatte mit den Seitenlängen 8 m, 6,5 m und 7 m. Darf er den Weg durch eine Unterführung nehmen, wenn die Durchfahrtshöhe 4,50 m beträgt und die Ladefläche des Tiefladers 1 m über der Straße liegt?

❏ Ja, weil _____

❏ Nein, weil _____

Übung 5 **Wahr oder falsch?**

	Wahr	Falsch
a) Eine Höhe liegt immer im Dreieck.	❏	❏
b) Eine Höhe kann mit einer Seite zusammenfallen.	❏	❏
c) Eine Höhe kann mit einer Seitenhalbierenden zusammenfallen.	❏	❏
d) Der Schnittpunkt der Höhen heißt Schwerpunkt.	❏	❏
e) $a \cdot h_a = b \cdot h_b$	❏	❏

Lösungen Seite 122/123

8.3 Winkelhalbierende und Inkreis

 Alles klar?! Übliche Bezeichnungen bei Dreiecken

Die **Winkelhalbierenden** in einem Dreieck sind
Halbgeraden, die die Innenwinkel halbieren. Spricht
man jedoch von der Länge einer Winkelhalbierenden,
so meint man die Strecke innerhalb des Dreiecks.
Punkte auf der Winkelhalbierenden haben von
jedem Schenkel den gleichen Abstand.

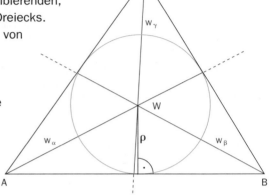

Satz: In jedem Dreieck schneiden sich die
Winkelhalbierenden in einem Punkt W.
Dieser ist der Mittelpunkt des Inkreises
des Dreiecks.

W ist von allen Seiten gleich weit entfernt. Der Inkreis berührt die drei Seiten.
Den Inkreisradius ρ erhält man als Lot von W auf eine Seite des Dreiecks.

 Übung 1 Winkelhalbierende zeichnen

Zeichne $\triangle ABC$ mit seinen Winkelhalbierenden und miss ihre Längen.

a) $A(0|0)$; $B(8|0)$; $C(4|5)$

$w_\alpha =$ ▨▨▨ LE; $w_\beta =$ ▨▨▨ LE; $w_\gamma =$ ▨▨▨ LE

b) $A(-1|3)$; $B(5|-4)$; $C(6|6)$

$w_\alpha =$ ▨▨▨ LE; $w_\beta =$ ▨▨▨ LE; $w_\gamma =$ ▨▨▨ LE

 Übung 2 Flächen gesucht

Zeichne ein beliebiges Dreieck ABC, nicht zu klein.
Markiere mit verschiedenen Farben folgende Flächen innerhalb des Dreiecks:
a) die Fläche der Punkte, die näher bei [AB] als bei [BC] und [AC] liegen,
b) die Fläche der Punkte, die näher bei [BC] als bei [AB] und [AC] liegen,
c) die Fläche der Punkte, die näher bei [AC] als bei [AB] und [BC] liegen.

Die Grenzen zwischen diesen Flächen liegen auf den ▨▨▨
des Dreiecks.

Übung 3   **Inkreis gesucht**

Von einem Dreieck ABC sind bekannt: A(0|0), B(8|0), C(2|5). Bestimme durch eine Zeichnung den Inkreismittelpunkt W und den Inkreisradius ρ. Zeichne auch den Inkreis.

Der Inkreismittelpunkt ist W ⬚.

Der Inkreisradius ist ρ = ⬚ LE.

Übung 4   **Konstruktion mit Inkreismittelpunkt**

Konstruiere ein Dreieck ABC mit A(0|0), B(6|0) und W(3|1,5).

C hat die Koordinaten ⬚.

Alles klar?!   **Konstruktion mit einer Winkelhalbierenden**

Konstruiere ein Dreieck ABC mit c = 5 cm, w_β = 3 cm und β = 66°.

Konstruktionsplan: Planfigur:

1. Antragen von [AB] mit $\overline{AB}$ = c
2. D liegt
   - auf k(B; w_β)
   - auf dem freien Schenkel des Winkels $\frac{\beta}{2}$, angetragen an [AB] in B   Konstruktion:
3. C liegt
   - auf [AD]
   - auf dem freien Schenkel des Winkels β, angetragen an [AB] in B

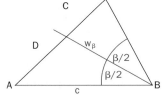

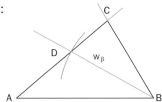

Übung 5   **Konstruiere △ABC und miss Seite a.**

a) mit c = 4,8 cm; w_α = 4,6 cm; α = 60°   a = ⬚ cm

b) mit c = 5,2 cm; w_β = 5,5 cm; α = 90°   a = ⬚ cm

c) mit w_α = 6,0 cm; α = 70°; γ = 50°   a = ⬚ cm

Übung 6   **Wahr oder falsch?**

	Wahr	Falsch
a) Der Umkreismittelpunkt ist auch Inkreismittelpunkt.	❑	❑
b) Der Umkreisradius ist doppelt so groß wie der Inkreisradius.	❑	❑
c) Der Inkreismittelpunkt ist von allen Ecken gleich weit entfernt.	❑	❑
d) Die Dreiecksseiten sind Tangenten an den Inkreis.	❑	❑

STOPP!
Zuerst die Lernkärtchen durcharbeiten!

Abschlusstest (15 Minuten)

Aufgabe 1 **Dreieckskonstruktion**

Zeichne ein Dreieck ABC mit A$(-1|2)$, B$(3|-2)$, C$(6|5)$ mit Längeneinheit 1 cm.
Konstruiere und miss folgende Strecken:

a) $s_a = $ cm b) $w_\beta = $ cm c) $h_c = $ cm

Punkte: von 3

Aufgabe 2 **Konstruiere das Dreieck und miss b.**

Dreieck ABC mit a = 5,7 cm, w_γ = 3,0 cm und γ = 105°

b = cm

Punkte: von 4

Aufgabe 3 **Städteplanung**

a) Ein Einkaufszentrum soll so gebaut werden, dass es von allen drei Straßen gleichen
Abstand hat. Wo ist der richtige Standort?
❏ Im Schnittpunkt der Winkelhalbierenden
❏ Im Schwerpunkt
❏ Im Umkreismittelpunkt
❏ Im Höhenschnittpunkt
des Dreiecks ABC.

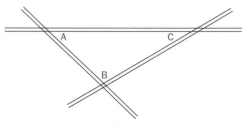

b) Wo müsste es liegen, wenn es den gleichen Abstand zu allen
Kreuzungen (an jeder Kreuzung liegt eine Ortschaft) haben soll?

Punkte: von 4

Punkte: von 11

10–11 Punkte: Bravo! Du kennst dich gut mit Dreiecken aus.
6–9 Punkte: Ist dir klar, was für Fehler du gemacht hast? Wenn nicht, dann schlage
beim entsprechenden Unterkapitel (z. B. 8.2) nach.
0–5 Punkte: Du solltest dieses Kapitel noch einmal durcharbeiten.

Daten und Zufall

Nicht nur beim Würfeln oder beim Lottospielen spielen
Daten, Zufall und die Wahrscheinlichkeit eine Rolle.
Wir haben diese Phänomene auch immer „im Hinter-
kopf", wenn wir – aufgrund von bestimmten Ausgangs-
situationen – wichtige Entscheidungen treffen müssen
oder wenn wir versuchen, Statistiken und Diagramme
in den Medien zu verstehen.

9.1 Mittelwert und relative Häufigkeit

Alles klar?! Mittelwert und relative Häufigkeit

Mittelwert

Den (arithmetischen) Mittelwert einer Anzahl von Zahlen oder Größen erhält man, indem man die Summe der Zahlen oder Größen durch ihre Anzahl dividiert.

$$\bar{x} = \frac{x_1 + x_2 + x_3 + \dots x_n}{n}$$

Beispiel: Der Mittelwert der Zahlen 10, 12 und 17 beträgt: $\frac{10 + 12 + 17}{3} = \frac{39}{3} = 13$

Übung 1 Bauer Hinzes Schweine

Bauer Hinze hat 10 Schweine auf seinem Anhänger geladen.
Der Anhänger mit den Schweinen wiegt 790 kg, der leere Anhänger 500 kg.

Das mittlere Gewicht eines Schweins beträgt   kg.

Übung 2 Klassenarbeit

Bei einer Klassenarbeit in einer Klasse mit 20 Schülern wurden folgende Noten vergeben:

Note 1	Note 2	Note 3	Note 4	Note 5	Note 6
II	ⅢⅢ	ⅢⅢ	IIII	III	I

Berechne den Notendurchschnitt, d. h. den Mittelwert der Noten. Er beträgt   .

Übung 3 Spenden sammeln

Patrick und Erhan sammeln Spenden für eine Jugendorganisation, indem sie von Haus zu Haus gehen und bei den Wohnungen läuten. Bei zehn Haushalten erhalten sie gar nichts. Dreimal erhalten sie 5 €, zweimal 10 €, außerdem einzelne Spenden von 1 €, 1,50 €, 2 €, 2,50 €, 3 €, 4,20 €, 4,50 €, 5,50 €, 5,80 € und 6 €.

Die durchschnittliche Spende pro Haushalt beträgt   €.

Übung 4 Schwerpunkt?

Dreieck ABC hat die Eckpunkte A(0|0), B(6|0) und C(3|6).
Ein Punkt P hat die Koordinaten $\bar{x}$ und $\bar{y}$, wobei $\bar{x}$ das arithmetische Mittel der x-Koordinaten und $\bar{y}$ das arithmetische Mittel der y-Koordinaten von A, B und C ist.

a) P

b) Könnte es sich um den Schwerpunkt des Dreiecks handeln?   ❏ ja   ❏ nein

Alles klar?! **Absolute und relative Häufigkeit**

Die **absolute Häufigkeit H** eines Merkmals oder Ereignisses gibt an, wie oft das M
oder Ereignis vorkommt. **Beispiel:** In Übung 2 hat Note 1 die absolute Häufigkeit 2, N   2
hat die absolute Häufigkeit 5.

Die relative Häufigkeit h gibt den Anteil an der Gesamtheit an.

$$h = \frac{H}{\text{Gesamtzahl}}$$

Beispiel: In Übung 2 hat Note 1 die relative Häufigkeit $h = \frac{2}{20} = 0,1 = 10\,\%$,
Note 2 hat die relative Häufigkeit $h = \frac{5}{20} = 0,25 = 25\,\%$.

Übung 5 **Weitere Auswertung der Klassenarbeit von Übung 2**

a) Ergänze die Tabelle.

Note	1	2	3	4	5	6
H	2	5				
h	10 %	25 %				

b) Ergänze das Balkendiagramm.

c) Ergänze das Kreisdiagramm (Tipp: $1\,\% \cong 3,6°$).

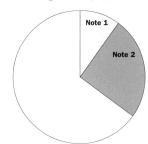

Übung 6 **Drei Fußballer vergleichen ihre Ergebnisse beim Elfmeterschießen.**
Wer ist der beste Elferschütze?

	Lukas	Tobias	Dragomir
Schüsse	20	15	10
Tore	15	12	7

_____ ist der Beste.

Übung 7 **Würfeln: 100-maliges Würfeln erbrachte 20-mal Augenzahl 5.**

a) Berechne die relative Häufigkeit der 5.   h =

b) ★ Ist das mehr oder weniger, als man erwarten würde?   ❏ mehr   ❏ weniger

9.2 Wahrscheinlichkeit

Alles klar?! Zufallsexperiment, Ergebnis, Ereignis

Das Drehen eines Glücksrades, das Werfen eines Würfels oder einer Münze, das Ziehen eines Loses sind **Zufallsexperimente**. Dabei können verschiedene **Ergebnisse** auftreten, von denen vor Ausführung des Experiments nicht mit Sicherheit vorausgesagt werden kann, welches eintritt. Alle möglichen Ergebnisse eines Zufallsexperiments bilden zusammen die **Ergebnismenge** Ω.

Beispiele:
• Werfen einer Münze: $\Omega = \{$Wappen; Zahl$\}$
• Werfen eines Würfels: $\Omega = \{1; 2; 3; 4; 5; 6\}$

Oft interessieren bei einem Zufallsexperiment alle Ergebnisse, bei denen eine bestimmtes Ereignis eintritt.

Beispiele: (beim Würfeln mit einem Würfel)
Ereignis A = „Augenzahl gerade" = $\{2; 4; 6\}$
Ereignis B = „Augenzahl kleiner als 4" = $\{1; 2; 3\}$
Jedes Ereignis ist eine Teilmenge von Ω. Ein Ereignis, das nur aus einem einzelnen Ergebnis besteht, heißt Elementarereignis.

Übung 1 Zufallsexperiment mit dem Schachbrett

Betrachte ein Schachspiel zwischen Meike und Oliver als Zufallsexperiment und gib eine mögliche Ergebnismenge an. $\Omega =$

Übung 2 Dose mit Bonbons

Eine Dose enthält rote, gelbe und grüne Bonbons. Gib eine mögliche Ergebnismenge für das Zufallsexperiment „Blindes Herausnehmen eines Bonbons" an. $\Omega =$

Übung 3 Würfeln mit einem Würfel

Gib folgende Ereignisse als Menge an:

A = „Augenzahl ist ungerade" =

B = „Augenzahl ist Primzahl" =

C = „Augenzahl ist Teiler von 6" =

D = „Augenzahl ist nicht 4" =

E = „Augenzahl ist größer als 7" =

Alles klar?! **Relative Häufigkeit und Wahrscheinlichkeit**

Würfelt man sehr oft hintereinander, so wird man höchstwahrscheinlich beobachten, dass sich die relative Häufigkeit des Ereignisses „Augenzahl 6" immer mehr dem Wert $\frac{1}{6} = 0,1\overline{6}$ annähert. Bei einer sehr hohen Anzahl von Beobachtungen stabilisiert sich die relative Häufigkeit eines beobachteten Ereignisses bei einer Zahl, die man die **Wahrscheinlichkeit** des Ereignisses nennt. Sie ist wie die relative Häufigkeit eine Zahl aus dem Intervall [0; 1]. Je größer die Wahrscheinlichkeit, desto häufiger tritt das Ereignis ein.

Laplace-Wahrscheinlichkeit

Ein Zufallsexperiment, bei dem alle Ergebnisse gleich wahrscheinlich sind, heißt **Laplace-Experiment**, z.B. Würfeln mit einem idealen Würfel („Laplace-Würfel"). Bei einem Laplace-Experiment gilt für die Wahrscheinlichkeit P(A) des Ereignisses A (P kommt von *probability*):

$$P(A) = \frac{\text{Anzahl der für das Ereignis A günstigen Ergebnisse}}{\text{Anzahl der möglichen Ergebnisse}}$$

Oder auch: $P(A) = \frac{|A|}{|\Omega|}$, wobei $|A|$ die Mächtigkeit (= Zahl der Elemente) von A bedeutet.

Beispiele:

A = „Augenzahl gerade" beim Würfeln
$\Omega = \{1; 2; 3; 4; 5; 6\}; |\Omega| = 6$
A = $\{2; 4; 6\}; |A| = 3$

$P(A) = \frac{|A|}{|\Omega|} = \frac{3}{6} = 0,5 = 50\%$

B = „Augenzahl 5" beim Würfeln
B = $\{5\}; \quad |B| = 1$

$P(B) = \frac{|B|}{|\Omega|} = \frac{1}{6} = 0,1\overline{6} \approx 16,7\%$

Übung 4 **Würfeln mit einem idealen Würfel**

Die Wahrscheinlichkeit, keine 4 zu würfeln, beträgt ⬚ .

Übung 5 **Lisa behauptet: „Wenn ich Lotto spiele, gibt es nur zwei Möglichkeiten: entweder ich gewinne, oder ich verliere. Also beträgt die Wahrscheinlichkeit, dass ich gewinne, 50%."**

❑ richtig   ❑ falsch

Übung 6 **Eine Dose enthält 5 rote, 3 gelbe und 2 grüne Bonbons.**

Die Wahrscheinlichkeit, beim blinden Ziehen ein gelbes Bonbon zu erhalten, ist: ⬚ .

Übung 7 **Münzwurf**

Das zweimalige Werfen einer Münze ergibt $\Omega = \{WW, WZ, ZW, ZZ\}$ (W = Wappen, Z = Zahl, beide gleich wahrscheinlich). E ist das Ereignis „mindestens einmal Zahl".

E = { ⬚   ; |E| = ⬚   ; P(E) = ⬚

STOPP!
Zuerst die Lernkärtchen
durcharbeiten!

Abschlusstest (15 Minuten)

Aufgabe 1 In einer Klasse kommen Schüler/innen mit oder ohne Fahrrad zur Schule.

	Mädchen	Jungen
mit Fahrrad	5	4
ohne Fahrrad	10	6

a) _____ % der Klasse sind Mädchen.

b) _____ % der Klasse kommen mit dem Fahrrad.

c) _____ % der Klasse sind Jungen, die mit dem Fahrrad kommen.

d) _____ % der Radfahrer sind Mädchen (1 Kommastelle).

e) Der Anteil der Radfahrer ist unter den Mädchen _____ als unter den Jungen.

Punkte: ☐ von 5

Aufgabe 2 Ergänze die folgenden Aussagen.

a) Der Quotient aus absoluter Häufigkeit und Gesamtzahl heißt _____

b) Ein Ereignis ist eine _____ der Ergebnismenge.

c) Bei einem Laplace-Experiment sind alle Ergebnisse _____ .

Punkte: ☐ von 3

Aufgabe 3 Ein Glücksrad hat 8 nummerierte Sektoren, von denen einer rot, zwei blau und die übrigen weiß sind. Berechne folgende Wahrscheinlichkeiten:

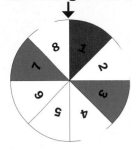

a) P (rot) = _____ %

b) P (blau) = _____ %

c) P (weiß) = _____ %

d) P (ungerade Zahl) = _____ %

e) P (rot oder blau) = _____ %

Punkte: ☐ von 5

Punkte: ☐ von 13

12–13 Punkte: Bravo!

7–11 Punkte: Ohne Fleiß kein Preis.

0–6 Punkte: Du solltest dieses Kapitel noch einmal durcharbeiten.

Lösungen

1.1 Prozentrechnung

 Übung 1 (Seite 7)

a) $\frac{3}{4} = 75\,\%$

b) $\frac{9}{10} = 90\,\%$

c) $\frac{7}{20} = 35\,\%$

d) $\frac{1}{25} = 4\,\%$

e) $1 = 100\,\%$

f) $1,2 = 120\,\%$

 Übung 2 (Seite 7)

a) $10\,\% = \frac{1}{10}$

b) $12\,\% = \frac{3}{25}$

c) $0,1\,\% = \frac{1}{1000}$

d) $75\,\% = \frac{3}{4}$

e) $90\,\% = \frac{9}{10}$

f) $130\,\% = \frac{13}{10}$

 Übung 3 (Seite 8)

a) $19\,\%$

b) $36\,\%$

 Übung 4 (Seite 8)

	Prozentsatz	Grundwert	Prozentwert
a)	4 %	127 €	5,08 €
b)	3,5 %	1200 Personen	42 Personen
c)	110 %	35 000 €	38 500 €
d)	1,25 %	2 400 kg	30 kg
e)	4,5 %	2200 Tage	99 Tage
f)	101 %	70 000 €	70 700 €

 Übung 5 (Seite 8)

	Artikel	Preis vorher	Preis / Schlussverkauf
a)	Jacke	128 €	96 €
b)	Hose	54 €	40,50 €
c)	Hemd	35 €	26,25 €

Die neuen Preise sind 75 % der alten Preise.

 Übung 6 (Seite 9)

	Artikel	alter Preis	neuer Preis
a)	CD-Spieler	79 €	81 €
b)	Farbfernseher	499 €	514 €
c)	PC	790 €	814 €

Die neuen Preise sind 103 % der alten Preise.

 Übung 7 (Seite 9)   Sorge zunächst für gleiche Einheiten.

a) $\frac{40\,\text{cm}}{160\,\text{cm}} \cdot 100\,\% = 25\,\%$

b) $\frac{50\,\text{Cent}}{400\,000\,\text{Cent}} \cdot 100\,\% = 0,0125\,\%$

c) $\frac{70\,\text{g}}{2000\,\text{g}} \cdot 100\,\% = 3,5\,\%$

d) $\frac{420\,\text{m}}{5000\,\text{m}} \cdot 100\,\% = 8,4\,\%$

Übung 8 (Seite 9)

a) Vorher 20 cm², nachher 30 cm², vergrößert um 50 %.
b) Zum Beispiel vorher $(10\,cm)^2 = 100\,cm^2$, nachher $(11\,cm)^2 = 121\,cm^2$, vergrößert um 21 % (unabhängig vom gewählten Beispiel).

Übung 9 (Seite 10)

$9\,‰ = 0,9\,\%$ $\qquad \dfrac{0,9\,\%}{100\,\%} \cdot 7\,000\,000 = 63\,000$ $\qquad$ Antwort: 63 000 Wähler

Übung 10 (Seite 10)

$20\,\%$ von $20\,\% = \dfrac{1}{5} \cdot 20\,\% = 4\,\%$

Übung 11 (Seite 10)

a) Man kann die Klasse in 4 Gruppen einteilen:
   1. Schüler, die nur Snowboard fahren
   2. Schüler, die nur Ski fahren
   3. Schüler, die sowohl Snowboard als auch Ski fahren
   4. Schüler, die weder Snowboard noch Ski fahren
   In der 3. Gruppe sind laut Angabe 15 % der Klasse.
   In der 1. Gruppe sind dann 70 % – 15 %, also 55 %.
   In der 2. Gruppe sind dann 30 % – 15 %, also 15 %.
   In der 4. Gruppe sind dann 100 % – (55 % + 15 % + 15 %), also 15 %.
   Antwort: 15 % der Klasse fahren weder Snowboard noch Ski.

b) Der Anteil jeder Gruppe (55 % $= \dfrac{11}{20} =$ und dreimal 15 % $= \dfrac{3}{20}$) muss einer natürlichen Zahl von Schülern entsprechen. Das geht nur, wenn die Klassenstärke durch 20 teilbar ist.
   Antwort: Die Klasse hat mindestens 20 Schüler.

1.2 Zinsrechnung

Übung 1 (Seite 12)

Kapital	Zinssatz	Jahreszinsen
20 000 €	4,5 %	900 €
8000 €	6,25 %	500 €
2200 €	2 %	44 €

Übung 2 (Seite 12)

Jahr	Guthaben	Zinsen am Jahresende
1	5000,00 €	50,00 €
2	5050,00 €	50,50 €
3	5100,50 €	25,50 €
4	5126,00 €	25,63 €

Übung 3 (Seite 12)

1. Angebot: Rückzahlung 8520 €
2. Angebot: Rückzahlung 8550 €
3. Angebot: Rückzahlung 8500 €
Herr Lang sollte sich für das 3. Angebot entscheiden.

Übung 4 (Seite 13)

a) Zeitfaktor $\frac{1}{4}$; Zinsen = $\frac{1}{4} \cdot \frac{4\%}{100\%}$ · Guthaben = $\frac{1}{100}$ Guthaben

Quartal	Guthaben	Zinsen am Quartalsende
1	1000,00 €	10,00 €
2	1010,00 €	10,10 €
3	1020,10 €	10,20 €
4	1030,30 €	10,30 €
5	1040,60 €	

Guthaben am Jahresende: 1040,60 €

b) Zinssatz = $\frac{40,60}{1000} \cdot 100\% = 4,06\%$ Bei jährlicher Verzinsung würde man mit einem Zinssatz von 4,06 % den gleichen Zuwachs von 40,60 € erhalten.

Übung 5 (Seite 13)

Zinszeit: Vom 1. 3. bis 1. 6. sind es 3 Monate, also 90 Tage, vom 1. 6. bis 10. 6. sind 9 Tage, zusammen 99 Tage.

Zinsen = $\frac{99}{360} \cdot \frac{3\%}{100\%} \cdot 4000€ = 33,00€$.

Übung 6 (Seite 13)

Zinsfaktor = 1,05; Neues Guthaben = 10 000 € · 1,05⁶ = 13 400,96 €
Hinweis: Bei einer jährlichen Rundung auf ganze Cent kann es zu einer geringfügigen Abweichung von 1 Cent kommen (tatsächlicher Kontostand nach 6 Jahren beträgt 13 400,95 €).

Abschlusstest

Aufgabe 1 (Seite 14)

a) $\frac{3}{20} = \frac{15}{100} = 15\%$

b) Kapital = $\frac{250€ \cdot 100\%}{5\%} = 5000€$

c) Jahreszinsen = $\frac{6\%}{100\%} \cdot 7000€ = 420€$

Aufgabe 2 (Seite 14)

$\frac{1}{8} = 0,125 = 12,5\% > 12\%$

Aufgabe 3   (Seite 14)

Preis nach Erhöhung: 200€ · 1,05 = 210€
Preis nach Senkung: 210€ · 0,95 = 199,50€

Aufgabe 4   (Seite 14)

Zinsen für das 1. Halbjahr: $\frac{1}{2} \cdot \frac{0,8\%}{100\%} \cdot 200€ = 0,80€$

Zinsen für das 2. Halbjahr: $\frac{1}{2} \cdot \frac{1,2\%}{100\%} \cdot 200€ = 1,20€$

Kontostand am Jahresende: 200,00€ + 0,80€ + 1,20€ = 202,00€

2.1 Anordnen, Vergleichen, Betrag

Übung 1   (Seite 16)

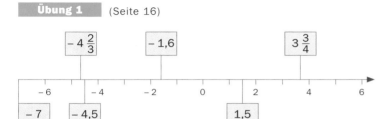

Übung 2   (Seite 16)

a) $-7 < 1$ b) $1,5 > -4\frac{2}{3}$ c) $-1,6 < 1,5$ d) $0 > -7$ e) $-4,5 = -4\frac{1}{2}$ f) $-4,5 > -4\frac{2}{3}$

Übung 3   (Seite 17)

	$\mathbb{N}$	$\mathbb{Z}$	$\mathbb{Q}$
-3		X	X
$-\frac{1}{3}$			X
$3,7$			X
2	X	X	X
$0,\overline{9}$	X	X	X

Hinweis: $0,\overline{9} = 1$

Übung 4   (Seite 17)

a) $-10 < -3 < -0,5 < 0 < 0,2 < 1,5$

b) $-2 < -1\frac{1}{3} < -1 < -\frac{1}{3} < -0,3 < 0$

Übung 5   (Seite 17)

a) -29 b) -21 c) $-1\frac{1}{2}$ d) 0

Übung 6   (Seite 17)

a) 13 b) -11

Übung 7   (Seite 17)

a) $|5| = 5$ b) $|-13| = 13$

c) $|7-4| = |3| = 3$ d) $|-1\frac{1}{3}| = 1\frac{1}{3}$

Übung 8   (Seite 17)

a) $\mathbb{L} = \{-5; 5\}$ b) $\mathbb{L} = \{-1; 1\}$

2.2 Addieren und Subtrahieren

 Übung 1 (Seite 18)

a) $(-10) + (-5) = -15$ b) $(+5) + (-11) = -6$ c) $(-10) + (+5) = -5$

d) $(-2) + (-5) = -7$ e) $\left(+\frac{1}{2}\right) + (-5) = -4\frac{1}{2}$ f) $\left(+\frac{1}{3}\right) + \left(+\frac{1}{4}\right) = \frac{7}{12}$

 Übung 2 (Seite 19)

a) $6 - 10 = (+6) + (-10) = -4$ b) $-11 - 22 = (-11) + (-22) = -33$

c) $6 - (-15) = (+6) + (+15) = 21$ d) $1{,}7 - 3{,}0 = (+1{,}7) + (-3{,}0) = -1{,}3$

 Übung 3 (Seite 19)

a)

+	− 20	− 11	6,5
− 10	− 30	− 21	− 3,5
− 1	− 21	− 12	5,5
$\frac{1}{4}$	− 19,75	− 10,75	6,75

b)

−	− 20	− 11	6,5
− 10	10	1	− 16,5
− 1	19	10	− 7,5
$\frac{1}{4}$	20,25	11,25	− 6,25

c)

−	− 20	− 11	6,5
− 10	− 10	− 1	16,5
− 1	− 19	− 10	7,5
$\frac{1}{4}$	− 20,25	− 11,25	6,25

 Übung 4 (Seite 19)

a) $(4{,}9 - 11{,}5) - 4{,}9 = 4{,}9 - 4{,}9 - 11{,}5 = 0 - 11{,}5 = -11{,}5$

b) $-9{,}8 - 3{,}7 - 0{,}2 = -9{,}8 - 0{,}2 - 3{,}7 = -10 - 3{,}7 = -13{,}7$

c) $\frac{1}{7} + \left(-\frac{1}{6} - \frac{1}{7}\right) = \frac{1}{7} - \frac{1}{7} - \frac{1}{6} = 0 - \frac{1}{6} = -\frac{1}{6}$

 Übung 5 (Seite 19)

a) $250 € - 400 € + 50 € = -100 €$
Der neue Kontostand beträgt − 100 €.

2.3 Multiplizieren und Dividieren

Übung 1 (Seite 20)

a)

·	− 20	− 1,1	6
− 10	200	11	− 60
− 1	20	1,1	− 6
$\frac{1}{3}$	$-6\frac{2}{3}$	$-\frac{11}{30}$	2

b)

:	− 20	− 1,1	6
− 10	0,5	$9\frac{1}{11}$	$-1\frac{2}{3}$
− 1	0,05	$\frac{10}{11}$	$-\frac{1}{6}$
$\frac{1}{3}$	$-\frac{1}{60}$	$-\frac{10}{33}$	$\frac{11}{18}$

c)

:	− 20	− 1,1	6
− 10	2	0,11	− 0,6
− 1	20	1,1	− 6
$\frac{1}{3}$	− 60	− 3,3	18

Übung 2 (Seite 21)

a) $\frac{2}{3} \cdot (-5) \cdot \frac{3}{2} = \frac{2}{3} \cdot \frac{3}{2} \cdot (-5) = 1(-5) = -5$

b) $5 \cdot 4 \cdot 3 \cdot 2 \cdot \frac{1}{5} \cdot \left(-\frac{1}{4}\right) \cdot \frac{1}{3} \cdot \frac{1}{2} = \frac{5}{5} \cdot \left(-\frac{4}{4}\right) \cdot \frac{3}{3} \cdot 2 \cdot 2 = -1$

c) $25 \cdot [(-4) \cdot 37] = 25 \cdot (-4) \cdot 37 = -100 \cdot 37 = -3700$

Übung 3 (Seite 21)

a) $(-2)^1 = -2$; $(-2)^2 = 4$; $(-2)^3 = -8$; $(-2)^4 = 16$; $(-2)^5 = -32$

b) Eine Potenz einer negativen Zahl ist positiv, wenn der Exponent gerade ist.
Eine Potenz einer negativen Zahl ist negativ, wenn der Exponent ungerade ist.

Übung 4 (Seite 21)

a) $0^4 = 0$ b) $(-1)^3 = -1$ c) $(-10)^2 = 100$ d) $(0,1)^2 = 0,01$

e) $1^{17} = 1$ f) $(-13)^2 = 169$ g) $\left(\frac{1}{2}\right)^3 = \frac{1}{8}$ h) $\left(-\frac{2}{3}\right)^2 = \frac{4}{9}$

2.4 Verbindung der Rechenarten

 Übung 1 (Seite 22)

a) $2 + 3 \cdot (-4):6 = 2 + (-12):6 = 0$ b) $-12:10 - 0,2 \cdot 3 = -1,2 - 0,6 = -1,8$

c) $\frac{1}{3} - \frac{1}{4} \cdot \frac{1}{5} = \frac{1}{3} - \frac{5}{4} = \frac{11}{12}$ d) $-\frac{1}{2} \cdot \frac{1}{3} + \frac{1}{4} \cdot \frac{1}{5} = -\frac{1}{6} + \frac{1}{20} = -\frac{7}{60}$

e) $2 \cdot (3-4) - 3 \cdot (4-5) = 2 \cdot (-1) - 3 \cdot (-1) = 1$

f) $[1,2 \cdot (-3+8) - 1,4:1,4]:(-5) = [1,2 \cdot 5 - 1]:(-5) = -1$

g) $5 \cdot [(3-7)^2 - 2^3] = 5 \cdot [16-8] = 40$ h) $\frac{2 \cdot (-6) - 4 \cdot (-3)}{4-5} = \frac{-12+12}{-1} = 0$

i) $\frac{\frac{1}{3}+1}{\frac{1}{3}-1} = \frac{4}{3}:\left(-\frac{2}{3}\right) = -2$

 Übung 2 (Seite 22)

a) $[(-10)+5] \cdot (-13) = 65$ b) $(2-10) \cdot (20+80) = -800$

c) $8 \cdot 1,2 \cdot (-0,1) + (-0,04) = -1$ d) $\left|-\frac{3}{4} + \frac{1}{3}\right| = \frac{5}{12}$

e) $9 \cdot \left(\frac{1}{3}\right)^3 = \frac{1}{3}$ f) $1000:10 - (-10)^2 = 0$

 Übung 3 (Seite 23)

a) $13 \cdot (-7) + 17 \cdot (-7) = -210$ b) $5:13 - 17:13 - 15:13 + 1:13 = -2$

 Übung 4 (Seite 23)

$60 = 10 \cdot 6 = 10 \cdot (3 \cdot 2) = 30 \cdot 20 = 600$
Hier wurde das Assoziativgesetz mit dem Distributivgesetz verwechselt (häufiger Fehler).
$10 \cdot (3 \cdot 2) = 10 \cdot 3 \cdot 2 = 30 \cdot 2 = 60$

 Übung 5 (Seite 23)

a) Falsch, weil es eine Ausnahme gibt: $|0| = 0$ (weder positiv noch negativ)
b) Wahr
c) Wahr
d) Falsch. Gegenbeispiel: $0,5 \cdot 0,5 = 0,25$

e) Falsch. Gegenbeispiel: $\frac{1}{3} = 0,\overline{3} = 0,33333\ldots$

 Übung 6 (Seite 23)

Das Jahr der Mathematik: 2008

Abschlusstest

Aufgabe 1 (Seite 24)

Abwärts: 200 m – (– 800 m) = 1000 m
Aufwärts: – 400 m – (– 800 m) = 400 m
Gesamtstrecke: 1400 m

Aufgabe 2 (Seite 24)

$(– 4,8 – 5,2 – 6,0 – 2,4 + 1,2 + 2,7 + 0,3 – 1,0) : 8 = – 1,9$
Die Durchschnittstemperatur betrug – 1,9 °C

Aufgabe 3 (Seite 24)

a) $(+ 3) – (+ 2) – (– 10) + (– 12) + (+ 5) = 4$

b) $– 1,1 + 5,6 – 4,7 – 3,2 + 10 = 6,6$

c) $\frac{1}{3} – \frac{1}{2} – \frac{1}{4} = – \frac{5}{12}$

Aufgabe 4 (Seite 24)

a) $3 + 4 \cdot (– 5) – 6 : (– 3) – 11 \cdot 0 = – 15$

b) $[1,1 – (3,4 – 7,8)] : (– 11) = – 0,5$

c) $\left(\frac{1}{2} – 5\right) \cdot \left(– \frac{1}{3}\right)^2 = – \frac{9}{2} \cdot \frac{1}{9} = – \frac{1}{2}$

Aufgabe 5 (Seite 24)

a) $3 \cdot (– 4) : (– 6) = 2$
b) $[(– 8) + (– 9)] \cdot (– 10) = 170$

3.1 Terme mit Variablen

Übung 1 (Seite 26)

a) $2 \not{/} x \not{/} y$ b) $a \not{/} (b \not{/} c)$ c) $5 \not{/} a \not{/} b : c$

d) $(a + b) \not{/} y \not{/} z$ e) $10 \cdot 2 \not{/} a$ f) $2 \cdot \frac{1}{2}$

Übung 2 (Seite 26)

a) $T_3 = T_2 – T_1 = c – (a + b)$ b) $T_4 = 10 \cdot T_1 = 10 (a + b)$

c) $T_5 = T_2 \cdot T_1 = c (a + b)$ d) $T_6 = (T_1 – T_2)^2 = (a + b – c)^2$

Übung 3 (Seite 27)

a) $2 \cdot (x + 3)$ Der Term ist ein Produkt.
b) $(a + b) - (c - 6)$ Der Term ist eine Differenz.
c) $x : (y + 1)$ Der Term ist ein Quotient.
d) $ab + c$ Der Term ist eine Summe.

 Übung 4 (Seite 27)

a) $(a + 5) \cdot (a - 5)$ b) $(y + z) \cdot 100$ c) $\dfrac{ab}{a + b}$

 Übung 5 (Seite 27)

a) $u = a + b + c$
b) $u = a + b + a + b$ oder $2a + 2b$ oder $2(a + b)$
c) $A = a \cdot b$
d) $A = (a + x)^2$
e) $l = a + a + a + a + s + s + s + s$ oder $4a + 4s$

3.2 Berechnung von Termwerten

 Übung 1 (Seite 28)

x	-2	-1	0	$\frac{1}{3}$	$2,5$
$T_1(x) = 2x - 1$	-5	-3	-1	$-\frac{1}{3}$	4
$T_2(x) = \lvert x - 1 \rvert$	3	2	1	$\frac{2}{3}$	$1,5$
$T_3(x) = x^3$	-8	-1	0	$\frac{1}{27}$	$15,625$
$T_4(x) = \frac{x + 2}{-2}$	0	$-\frac{1}{2}$	-1	$-1\frac{1}{6}$	$-2,25$
$T_5(x) = \frac{5 - 2x}{x - 3}$	$-1\frac{4}{5}$	$-1\frac{3}{4}$	$-1\frac{2}{3}$	$-1\frac{5}{8}$	0

 Übung 2 (Seite 28)

a) $T = x^2 + 1$ $T_{min} = 1$ für $x = 0$
b) $T = \lvert x - 1 \rvert$ $T_{min} = 0$ für $x = 1$
c) $T = x^2 - 4x + 4$ $T_{min} = 0$ für $x = 2$

 Übung 3 (Seite 28)

a) $T = 1 - 5x$ $T_{max} = 11$ für $x = -2$
b) $T = 5 - x^2$ $T_{max} = 5$ für $x = 0$
c) $T = -(x - 2)^2$ $T_{max} = 0$ für $x = 2$

Übung 4 (Seite 29)

a	-2	-1	$-\frac{1}{2}$	$-\frac{1}{4}$	0	$0,5$
b	1	0	-2	$0,25$	$-\frac{7}{13}$	$-\frac{1}{3}$
$T(a, b) = a^2 - 2\,ab + \frac{3}{4}\,a$	$-1\frac{1}{2}$	$\frac{1}{4}$	$-2\frac{1}{8}$	0	0	$\frac{23}{24}$

Übung 5 (Seite 29)

a) gerade Zahlen   b) ungerade Zahlen   c) $(-1)^{2n} = 1$; $(-1)^{2n+1} = -1$

Übung 6 (Seite 29)

a)

x	-1	0	$\frac{1}{2}$	2	3
$T_1(x) = x^2 - 4$	-3	-4	$-3\frac{3}{4}$	0	5
$T_2(x) = (x-2)\,(x+2)$	-3	-4	$-3\frac{3}{4}$	0	5

b) äquivalent

Übung 7 (Seite 29)

ja

3.3 Produkt- und Summenterme vereinfachen

Übung 1 (Seite 30)

a) $10 \cdot a \cdot 3$ $\quad = 10 \cdot 3 \cdot a$ $\quad = 30\,a$
b) $x \cdot 2 \cdot (-3) \cdot y$ $\quad = 2 \cdot (-3) \cdot x \cdot y$ $\quad = -6\,xy$
c) $a \cdot b \cdot (-4a)$ $\quad = (-4) \cdot a \cdot a \cdot b$ $\quad = 4\,a^2 b$
d) $x^2 \cdot 5x \cdot (-2)$ $\quad = 5 \cdot (-2) \cdot x^2 \cdot x$ $\quad = -10\,x^3$

Übung 2 (Seite 30)

a) $2a \cdot (-3b) = -6\,ab$ b) $p \cdot 11\,pq = 11\,p^2 q$ c) $(b \cdot ab) \cdot 8 = 8\,ab^2$

d) $2x \cdot 5x^2 = 10\,x^3$ e) $0,5r \cdot (-3rst) = -1,5\,r^2 st$ f) $-\frac{3}{4}\,u \cdot \frac{1}{2}\,v = -\frac{3}{8}\,uv$

Übung 3 (Seite 30)

a) $(3b)^2 = 9\,b^2$ b) $(2ab)^3 = 8\,a^3 b^3$ c) $(-2\,x)^3 = -8\,x^3$ d) $(-x)^2 = x^2$

e) $(-1,5a)^2 = 2,25\,a^2$ f) $(0,5xy)^2 = 0,25^2 y^2$ g) $\left(\frac{1}{3}\,u\right)^2 = \frac{1}{9}\,u^2$ h) $\left(-\frac{2}{3}\,v\right)^2 = \frac{4}{9}\,v^2$

Übung 4 (Seite 31)

a) $2a - 7a + 5a$ $= (2 - 7 + 5)a$ $= 0$
b) $ab - ab - 10ab$ $= (1 - 1 - 10)ab$ $= -10ab$
c) $-4x^2 + 11x^2$ $= (-4 + 11)x^2$ $= 7x^2$
d) $2pq - 9pq + pq$ $= (2 - 9 + 1)pq$ $= -6pq$

Übung 5 (Seite 31)

14 Äpfel + 12 Birnen

Übung 6 (Seite 31)

a) $2a - 3b + 7a + 5a$ $= 2a + 7a + 5a - 3b$ $= 14a - 3b$
b) $ab - a - 10ab + 3a$ $= -a + 3a + ab - 10ab$ $= 2a - 9ab$
c) $-4x^2 + 11 + x^2 - 5$ $= -4x^2 + x^2 + 11 - 5$ $= -3x^2 + 6$
d) $2pq - 9q^2 + pq - 2q^2$ $= 2pq + pq - 9q^2 - 2q^2$ $= 3pq - 11q^2$

Übung 7 (Seite 32)

$T_1 = T_2 = T_5 = T_6 = -0,4ab$; $T_3 = T_4 = 0$
T_1, T_2, T_5 und T_6 sind äquivalent. T_3 und T_4 sind äquivalent.

Übung 8 (Seite 32)

a) $2ab - 5a + 7ab - b - ab + 3b - 3a + b$ $= -8a + 8ab + 3b$

b) $3x^2 + 4x - 7 - x + 11x^2 - 5x^2 + 9 + x$ $= 9x^2 + 4x + 2$

c) $4xy + y + 1 - 10xy - 3y - 5 + 2xy + 3y$ $= -4xy + y - 4$

d) $-a^2 + a + 1 - 3a^2 + 4a^2 + 2a - a - 1$ $= 2a$

e) $x^4 + 3xy^3 - 2x^4 - xy^3 + y^4 + 3x^4 + 3xy^3$ $= 2x^4 + 5xy^3 + y^4$

f) $\frac{1}{4}a - \frac{1}{3} + \frac{1}{3}b + \frac{1}{4} - b + \frac{2}{3}b + \frac{1}{2}a$ $= \frac{3}{4}a - \frac{1}{12}$

Übung 9 (Seite 32)

a) $2a \cdot (-b) - 5a \cdot 2b + 7c - ba - c \cdot (-5)$ $= -13ab + 12c$

b) $(-2x)^2 + 4x + x \cdot (-3) + x^2 \cdot 4 - x - 1$ $= 8x^2 - 1$

c) $a \cdot 3a - 2a + a \cdot (-4) - a^2 - a^2 + a \cdot 2b$ $= a^2 - 6a + 2ab$

d) $u - 3v \cdot 2u + u \cdot (-3)^2 - u \cdot (-2v) - u$ $= 9u - 4uv$

e) $x \cdot (-y) + x \cdot 2y - 2x \cdot 5y - 5 \cdot (yx) - 10$ $= -14xy - 10$

3.4 Terme mit Klammern

Übung 1 (Seite 33)

a) $5 + (2a - 3b + c) - d$ $= 5 + 2a - 3b + c - d$
b) $5 - (2a - 3b + c) - d$ $= 5 - 2a + 3b - c - d$
c) $(5 + 2a - 3b) + c - d$ $= 5 + 2a - 3b + c - d$
d) $-(-5 + 2a - 3b) + c - d$ $= 5 - 2a + 3b + c - d$
e) $5 + 2a + (-3b + c) - d$ $= 5 + 2a - 3b + c - d$
f) $5 + 2a - (-3b + c) - d$ $= 5 + 2a + 3b - c - d$
g) $(5 + 2a) - 3b + (c - d)$ $= 5 + 2a - 3b + c - d$
h) $(5 + 2a) - 3b - (c - d)$ $= 5 + 2a - 3b - c + d$

Übung 2 (Seite 34)

a) $2a + 3b + (6a - 10b) - (a + b)$ $= 9a - 8b$
b) $11 - (2x - 3) + (x - 10) - (3 + x) - 1$ $= -2x$
c) $(u - v) - (u + v) + (2v - 3) + (u - v - 3) - u$ $= -v - 6$
d) $-(c + d) + (2d - 4c) + 5 - c$ $= -6c + d + 5$

Übung 3 (Seite 34)

a) $3 + 4 \cdot (a - 2b)$ $= 3 + 4a - 8b$

b) $-2 \cdot (x - 2y + 3z)$ $= -2x + 4y - 6z$

c) $x + \frac{2}{3} \cdot (y - 6z)$ $= x + \frac{2}{3}y - 4z$

d) $a + (b + 2) \cdot c$ $= a + bc + 2c$

e) $ax \cdot (bx - x^2)$ $= abx^2 - ax^3$

f) $1 - u^2 \cdot (-u + 1)$ $= 1 + u^3 - u^2$

g) $34e - 17 \cdot (17 - e^2)$ $= 34e - 289 + 17e^2$

h) $0{,}4a - 0{,}5 \cdot (0{,}4b - 4c)$ $= 0{,}4a - 0{,}2b + 2c$

Übung 4 (Seite 35)

a) $4a + 3b + 2 \cdot (6a - 10b) - 3 \cdot (a + b)$ $= 13a - 20b$
b) $11 - 4 \cdot (2x - 3) + 3 \cdot (x - 10) - 3 + x - 1$ $= -6x - 11$
c) $4x - 5 \cdot (x - 2y) - 3 \cdot (x + 4y) + 3y - (x - y)$ $= -5x + 2y$
d) $2 \cdot (u - v) - 3 \cdot (u + v) + (2v - 3) + 2 \cdot (u - v - 3) - u$ $= -5v - 9$

Übung 5 (Seite 35)

a) $(10a + 20b) : 10$ $= a + 2b$

b) $(3x - 6y + 12z) : 3$ $= x - 2y + 4z$

c) $(-30u + 6v - 12w) : (-6)$ $= 5u - v + 2w$

d) $(3p - 6p^2 + 12p^3) : (3p)$ $= 1 - 2p + 4p^2$

e) $(-a - b + c) : \left(-\frac{1}{2}\right)$ $= 2a + 2b - 2c$

3.5 Multiplizieren von Summen

 Übung 1 (Seite 36)

a) $(a + b)(c - 2)$ $\quad = ac - 2a + bc - 2b$

b) $(p - 2q)(p + 1)$ $\quad = p^2 + p - 2pq - 2p$

c) $(u - 3)(-v - 7)$ $\quad = -uv - 7u + 3v + 21$

d) $(a + 1{,}5)(0{,}1 - 0{,}2b + 0{,}5c)$ $\quad = 0{,}1a - 0{,}2ab + 0{,}5ac + 0{,}15 - 0{,}3b + 0{,}75c$

e) $\left(x + \frac{1}{3}y\right)\left(y + \frac{1}{2}\right)$ $\quad = xy + \frac{1}{2}x + \frac{1}{3}y^2 + \frac{1}{6}y$

 Übung 2 (Seite 36)

a) $(a + 4)(a - 2) - (a + 3)(a - 2)$ $\quad = a - 2$

b) $p^2 - (p - 2)(p + 1)$ $\quad = p + 2$

c) $(u - 3)(-u - 7) - u(3 - u)$ $\quad = -7u + 21$

d) $(a + 1{,}5)(0{,}1 - 0{,}2a) - 0{,}2a(a + 3)$ $\quad = -0{,}4a^2 - 0{,}8a + 0{,}15$

 Übung 3 (Seite 37)

a) $A(x) = (5 + x)(7 - x) = -x^2 + 2x + 35$

b) $A(x) = (6 + x)(8 - 2x) = -x^2 - 2x + 24$

 Übung 4 (Seite 37)

a) $(a + b)^2 = (a + b)(a + b) = a^2 + 2ab + b^2$ $\qquad$ b) $(a - b)^2 = (a - b)(a - b) = a^2 - 2ab + b^2$

c) $(-a - b)^2 = (-a - b)(-a - b) = a^2 + 2ab + b^2$ $\qquad$ d) $(a + b)(a - b) = a^2 - b^2$

 Übung 5 (Seite 37)

a) $(a - 2b)^2 = a^2 - 2ab + 4b^2$ $\qquad$ b) $(p + 11)^2 = p^2 + 22p + 121$

c) $(3x - 8)^2 = 9x^2 - 48x + 64$ $\qquad$ d) $(-u - 1)^2 = u^2 + 2u + 1$

e) $\left(x + \frac{1}{3}y\right)\left(x - \frac{1}{3}y\right) = x^2 - \frac{1}{9}y^2$

 Übung 6 (Seite 37)

a) 99^2 $\quad = (100 - 1)^2 = 10\,000 - 200 + 1$ $\quad = 9801$

b) 51^2 $\quad = (50 + 1)^2 = 2500 + 100 + 1$ $\quad = 2601$

c) 101^2 $\quad = (100 + 1)^2 = 10\,000 + 200 + 1$ $\quad = 10\,201$

d) 999^2 $\quad = (1000 - 1)^2 = 1\,000\,000 - 2000 + 1$ $\quad = 998\,001$

3.6 Faktorisieren

Übung 1 (Seite 38)

a) $10a - 5 = 5(2a - 1)$ b) $-x + x^2 = -x(1 - x)$

c) $\frac{1}{2}x^2 - \frac{3}{2}y = \frac{1}{2}(x^2 - 3y)$ d) $u^2 + 2u^3 = u^2(1 + 2u)$

Übung 2 (Seite 38)

a) $3ax^2 + 4ax + x = x(3ax + 4a + 1)$ b) $5x^3 + 15x^2 + 5x = 5x(x^2 + 3x + 1)$

c) $16a^3b - 14a^2b - 16ab^3 = 4ab(4a^2 - a - 4b^2)$ d) $1\frac{1}{3} + \frac{2}{3}x - \frac{5}{3}x^2 = \frac{1}{3}(4 + 2x - 5x^2)$

e) $108ab - 162a + 216b = 54(2ab - 3a + 4b)$ f) $0{,}1by - 0{,}3ay + 0{,}5y^2 = 0{,}1y(b - 3a + 5y)$

Übung 3 (Seite 38)

a) $2a^2x^2 + 4ax + 1 = (2ax + 1)^2$ b) $x^2 + 10x + 5 = $ nicht möglich

c) $16a^2 - 8ab + b^2 = (4a - b)^2$ d) $\frac{1}{9} - x^2 = \left(\frac{1}{3} - x\right)\left(\frac{1}{3} + x\right)$

e) $9a^2 - 100b^2 = (3a - 10b)(3a + 10b)$ f) $0{,}25y^2 - 1 = (0{,}5y - 1)(0{,}5y + 1)$

g) $20x + 25x^2 + 4 = (5x + 2)^2$

Übung 4 (Seite 39)

$y(n) = 0{,}2n + 3$

Übung 5 (Seite 39)

$A = \frac{1}{2}a^2 + \frac{1}{2}a = \frac{1}{2}a(a + 1)$; Formel: $A = \frac{1}{2}ab \rightarrow b = a + 1$

Übung 6 (Seite 39)

$A = (6 - x)(6 + x)\,\text{cm}^2 = (36 - x^2)\,\text{cm}^2$

Übung 7 (Seite 39)

a) $(x^2 + 7x + 10)$ $= (x + 2)$ $\cdot (x + 5)$
b) $(x^2 + 7x - 30)$ $= (x + 3)$ $\cdot (x - 10)$
c) $(x^2 - 14x + 48)$ $= (x - 6)$ $\cdot (x - 8)$

Übung 8 (Seite 39)

$T(n) = [(n - 10)^2 - (n + 10)^2] \cdot (-50) : n + 8 =$
$= [(n^2 - 20n + 100 - (n^2 + 20n + 100)] \cdot (-50) : n + 8 =$
$= 40n \cdot (-50) : n + 8 = 2000n : n + 8 = 2008$

Abschlusstest

Aufgabe 1 (Seite 40)

a) $5a + 3b - 10 - 7a - 17b + 12 = -2a - 14b + 2$
Für jede richtige Teilaufgabe gibt es einen Punkt.

b) $\frac{1}{2} \cdot a \cdot b \cdot \left(-\frac{1}{6}a\right) = -\frac{1}{12}a^2 b$

Aufgabe 2 (Seite 40)

x	-3	-2	$-1,5$	-1	0	$\frac{1}{3}$	1
T(x)	12	6	3,75	2	0	$-\frac{2}{9}$	0

2 Punkte, wenn alles richtig; 1 Punkt bei 1–2 Fehlern

Aufgabe 3 (Seite 40)

a) $(a + 7b + 11) - (3a - 4b - 5) = -2a + 11b + 16$
b) $2(x + 2y - 3) - 4(2x - 3y + 5) = -6x + 16y - 26$
c) $(-10x + 20y + 100) : (-10) = x - 2y - 10$

Aufgabe 4 (Seite 40)

a) $(2x - 3)(5x + 1) = 10x^2 - 13x - 3$

b) $(3x - 4)^2 = 9x^2 - 24x + 16$

Aufgabe 5 (Seite 40)

a) $a - 17a^2 = a(1 - 17a)$

b) $4u^2 - 24uv + 16v^2 = (3u - 4v)^2$

Aufgabe 6 (Seite 40)

Vom obersten Würfel sieht man 5 Seiten, von allen anderen 4 Seiten.

→ Man sieht $4n + 1$ Seiten.

4.1 Lösung durch Probieren

Übung 1 (Seite 42)

a) 5   b) 10   c) 5   d) -2 e) -22 f) 12

Übung 2 (Seite 42)

a) 4   b) -1 c) 3   d) 5   e) 50   f) -2

Übung 3   (Seite 42)

a) {– 3; 5}   b) {– 1; 1}   c) {– 3; 3}   d) {– 7; 1}   e) {0; 2}   f) {– 5; 5}

Übung 4   (Seite 43)

a) $\mathbb{L} = \{0\}$ b) $\mathbb{L} = \mathbb{Q}$ c) $\mathbb{L} = \{\ \}$

Übung 5   (Seite 43)

a) $-5 + x = 5$;   Die Zahl heißt 10.   b) $x \cdot 20 = -100$;   Die Zahl heißt – 5.

c) $5 - x = -2$;   Die Zahl heißt 7.   d) $x : 5 = -2$;   Die Zahl heißt – 10.

e) $7 \cdot x = 1$;   Die Zahl heißt $\frac{1}{7}$.   f) $\frac{5}{100} \cdot x = 2$;   Die Zahl heißt 40.

4.2 Systematische Lösung von linearen Gleichungen

Übung 1   (Seite 44/45)

a) $-10x - 20 = 50$ → $-10x = 70$ → $x = -7$ → $\mathbb{L} = \{-7\}$

b) $\frac{1}{3}x + 2 = 1$ → $\frac{1}{3}x = -1$ → $x = -3$ → $\mathbb{L} = \{-3\}$

Übung 2   (Seite 45)

a) $5 - x = -1$ $\mathbb{L} = \{6\}$ b) $-\frac{2}{5}x = -4$ $\mathbb{L} = \{10\}$

c) $-x - 9 = -10$ $\mathbb{L} = \{1\}$ d) $-6x = -6$ $\mathbb{L} = \{1\}$

e) $10 + x = -3$ $\mathbb{L} = \{-13\}$ f) $5x + 10 = 12$ $\mathbb{L} = \{0,4\}$

Übung 3   (Seite 45)

a) $3x + 7 = 10x - 2$ $\mathbb{L} = \left\{1\frac{2}{7}\right\}$ Probe: $10\frac{6}{7}$

b) $-2x + 8 = 13x + 5$ $\mathbb{L} = \{0,2\}$ Probe: 7,6

c) $-4 - 7x = -5 - 11x$ $\mathbb{L} = \{-0,25\}$ Probe: – 2,25

d) $-5x + 10 = 11x + 2$ $\mathbb{L} = \{0,5\}$ Probe: 7,5

e) $0,4x - 2,1 = 1,6x + 0,3$ $\mathbb{L} = \{-2\}$ Probe: – 2,9

f) $x + 14 = 14 - x$ $\mathbb{L} = \{0\}$ Probe: 14

g) $(3x + 1) - (5x - 2) = 4 \cdot (2x - 8)$ $\mathbb{L} = \{3,5\}$ Probe: – 4

4.3 Textaufgaben

Übung 1 (Seite 46)

a) $3x + 5 = 3,5x$ $x = 10$ Die Zahl heißt 10.
b) $x + (x + 2) + (x + 4) = 90$ $x = 28$ Die Zahlen sind 28, 30 und 32.
c) $x + (x + 29) = 1$ $x = -14$ Kleinere Zahl – 14, größere 15.

Übung 2 (Seite 46/47)

a) Anna erhält x €, Julia $2x$ €, Claudia $3x$ €.
     $2x + x + 3x = 780\,000$ $x = 130\,000$
     Anna erhält 260.000 €, Julia 130 000 € und Claudia 390 000 €.
b) Es sind x Hasen und $(37 - x)$ Hühner. Hasen haben 4 Füße, Hühner 2.
     $4x + 2(37 - x) = 100 \rightarrow x = 13$
     Es sind 13 Hasen und 24 Hühner.
c) Abu Jamal besaß x Kamele; $\frac{1}{2}x + \frac{1}{4}x + \frac{1}{6}x + 1 = x \quad | \cdot 12$
     $x = 12 \rightarrow$ Es waren 12 Kamele.

Übung 3 (Seite 47)

a) Die kurze Seite ist x cm lang, die lange Seite $(x + 4)$ cm.
     $2 \cdot (x + x + 4) = 60 \rightarrow x = 13$
     Eine kurze Seite misst 13 cm, eine lange Seite 17 cm.
b) Quadratseiten: x cm; Rechtecksseiten $(x + 3)$ cm und $(x - 2)$ cm
     $x^2 + 1 = (x + 3)(x - 2) \rightarrow x^2 + 1 = x^2 + x - 6 \rightarrow 1 = x - 6$ $x = 7$
     Die Seiten des Quadrats sind 7 cm lang.

Übung 4 (Seite 47)

a) Es sind x teure Plätze und $(1000 - x)$ billige Plätze.
     $50x + 30(1000 - x) = 42\,000 \rightarrow x = 600$
     Es müssen 600 Plätze zum höheren Preis verkauft werden.
b) Es sind x Minuten; 0,75 Cent = 0,0075 €
     $8 + 0,0075x = 27,05 \rightarrow x = 2540$; 2540 min = 42 h 20 min
     Antwort: 42 Stunden 20 Minuten

Übung 5 (Seite 47)

a) Jetzt: Tochter x, Mutter $3x$; Vor 5 Jahren: Tochter $x - 5$
     $3x = 6(x - 5) \rightarrow x = 10 \rightarrow$ Der Mutter ist jetzt 30, der Tochter 10.
b) Heute: Neffe x, Onkel $3x$; Vor 7 Jahren: Neffe $x - 7$, Onkel $3x - 7$
     $(x - 7) + (3x - 7) = 50 \rightarrow x = 16 \rightarrow$ Der Neffe ist jetzt 16, der Onkel 48.

Abschlusstest

Aufgabe 1 (Seite 48)

a) 14   b) 60   c) – 30   (2 Punkte bei 3 Richtigen, 1 Punkt bei 2 Richtigen)

Aufgabe 2 (Seite 48)

a) – 2   b) – 48   c) – 0,9   (1 Punkt für jede richtige Lösung)

Aufgabe 3 (Seite 48)

$4 - 10x - 30 = 7 - 10x + 2$ → $-26 = 9$ (falsch) → $\mathbb{L} = \{\ \}$

Aufgabe 4 (Seite 48)

Sahne x €, Kaffee ohne Sahne (2 + x) €, Kaffee mit Sahne (2 + 2x) €
$2 + 2x = 2,80$ → $x = 0,40$; Sahne kostet 40 Cent.

Aufgabe 5 (Seite 48)

$(\beta - 20°) + \beta + 2(\beta - 20°) = 180°$ → $\beta = 60°$, $\alpha = 40°$, $\gamma = 80°$

5.1 Achsensymmetrie

Übung 1 (Seite 51)

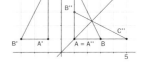

a) A' (– 1|1), B' (– 3|1), C' (– 1|5)   b) A'' (1|1), B'' (1|3), C'' (5|1)

Übung 2 (Seite 51)

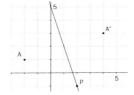

Abstand 0 LE

Übung 3 (Seite 51)

Übung 4 (Seite 56)

a) 1 b) > 2 c) 0 d) 2 e) > 2 f) > 2 g) 2 h) 1

Übung 5 (Seite 56)

Abstand 0,5 LE

(Abbildung zu Übung 5)

5.2 Mittelsenkrechte, Winkelhalbierende und Lote

 Übung 1 (Seite 54)

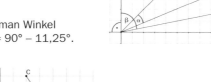

Durch fortgesetztes Halbieren erhält man Winkel
von 45°, 22,5° und 11,25°. 78,75° = 90° − 11,25°.

 Übung 2 (Seite 54)

Abstand 4,2 LE

 Übung 3 (Seite 54)

a) Schnittpunkt (0,8|0)

b) Mittelpunkt (3,5|4,5)

 Übung 4 (Seite 54)

Die drei Winkelhalbierenden schneiden sich in einem Punkt.
(Abbildung für Übung 4)

 Übung 5 (Seite 54)

a) + b)   c) Die Lote sind parallel.

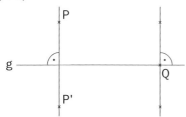

 Übung 6 (Seite 54)

Man kann z. B. auf der Geraden zwei Lote errichten, auf diesen mit dem Zirkel den Abstand a abtragen
und die Endpunkte verbinden.

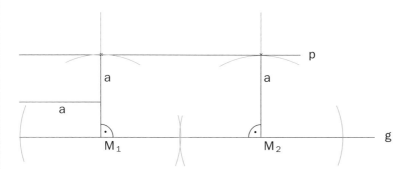

5.3 Punktsymmetrie

 (Seite 55)

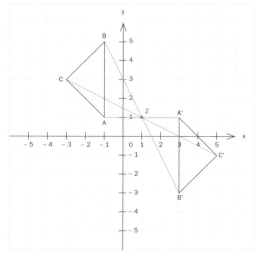

Übung 2 (Seite 55)

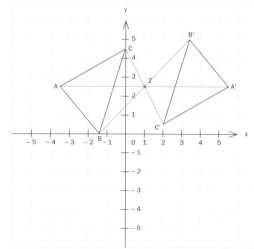

Übung 3 (Seite 56)

Spielkarte	Anzahl Symmetrieachsen	Punktsymmetrisch ja/nein?
Schell-8	2	ja
Eichel-Ober	0	ja
Herz-König	0	ja
Laub-As	2	ja

Abschlusstest

Aufgabe 1 (Seite 57)

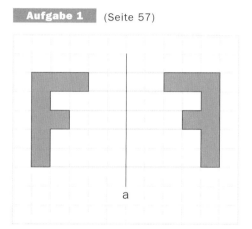

Aufgabe 2 (Seite 57)

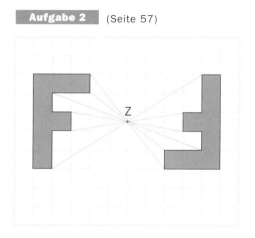

Aufgabe 3 (Seite 57)

H, T, O sind achsensymmetrisch; H, O, N sind punktsymmetrisch. Für jede falsche oder fehlende Symmetrieachse (bzw. Zentrum) gibt es 1 Punkt Abzug, bis 0 Punkte.

 Aufgabe 4 (Seite 58)

a) f   b) w   c) w   d) w

Für jede falsche Antwort gibt es 1 Punkt Abzug.

 Aufgabe 5 (Seite 58)

P (3,0|0,0). Bei Abweichungen bis ± 0,2 LE gibt es 3 Punkte, bis ± 0,5 LE 2 Punkte.

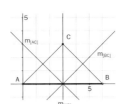

6.1 Winkel an Kreuzungen

 Übung 1 (Seite 60)

$\gamma = 80°$; $\delta = 30°$; $\epsilon = 70°$; $\zeta = 80°$

 Übung 2 (Seite 61)

α_1 und α_2 sind Stufenwinkel.
α_1 und γ_2 sind Wechselwinkel.
α_1 und δ_2 sind Ergänzungswinkel (Nachbarwinkel).
$\alpha_1 = \alpha_2 = \gamma_1 = \gamma_2 = 40°$, $\beta_1 = \beta_2 = \delta_1 = \delta_2 = 140°$

 Übung 3 (Seite 61)

$\alpha_1 = 30°$, $\alpha_2 = 40°$, $\beta_1 = 110°$, $\beta_2 = 70°$,
$\gamma_1 = 40°$, $\gamma_2 = 30°$, $\delta = 110°$

 Übung 4 (Seite 61)

Eine Hilfslinie h (h∥a, b) hilft hier weiter.

$\alpha = \alpha_1 + \alpha_2 = 30° + 70° = 100°$

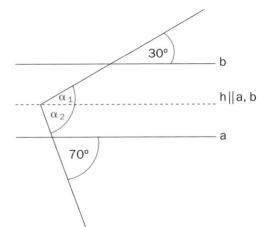

Übung 5 (Seite 61)

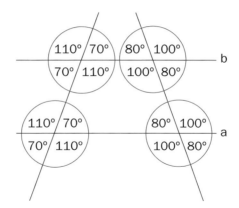

6.2 Winkelsumme

Übung 1 (Seite 62)

α	α'	β	β'	γ	γ'
50°	130°	80°	100°	50°	130°
28°	152°	81° 30'	98° 30'	70° 30'	109° 30'
*	*	150°	30°	90°	90°

* nicht möglich

Übung 2 (Seite 63)

a) 40°   b) 140°

Übung 3 (Seite 63)

a) $\gamma = 90°$, $\delta = 110°$ b) $\alpha_1 = 32°$, $\alpha_2 = 32°$, $\beta = 64$, $\delta_1 = 84°$, $\delta_2 = 96°$ c) $\beta = 62°$, $\delta = 125°$

Übung 4 (Seite 63)

Man dreht sich an jedem Eckpunkt um den Außenwinkel.
a) 360°   b) 360°   c) ja

Übung 5 (Seite 64)

a) 3; Winkelsumme $3 \cdot 180° = 540°$ b) Winkelsumme $4 \cdot 180° = 720°$ c) $(n - 2) \cdot 180°$

Abschlusstest

Bei Aufgabe 1, 2 und 5 gibt es für jede falsche oder fehlende Antwort 1 Punkt Abzug, bis 0 Punkte.

Aufgabe 1 (Seite 65)

$\beta = 60°$, $\gamma = 80°$, $\delta = 40°$, $\epsilon = 120°$

Aufgabe 2 (Seite 65)

$\alpha = 50°$, $\gamma_1 = 50°$, $\gamma_2 = 40°$

Aufgabe 3 (Seite 65)

Zerlegung in zwei Dreiecke ergibt genauso wie bei konvexen Vierecken: Die Summe der Innenwinkel beträgt 360°.

 Aufgabe 4 (Seite 66)

α = 135°

Aufgabe 5 (Seite 66)

α = 360° : 6 = 60°, β = 60°

7.1 Kongruente Figuren

 Übung 1 (Seite 68)

A–F, B–L, C–G, H–J

 Übung 2 (Seite 69)

a) [AB] ≡ [EF] ≡ [DC] ≡ [HG]; [AE] ≡ [BF] ≡ [CG] ≡ [DH]; [AD] ≡ [BC] ≡ [FG] ≡ [EH]
b) ABFE ≡ DCGH; ABCD ≡ EFGH; ADHE ≡ BCGF

 Übung 3 (Seite 69)

Es sind
- 4 kleine Dreiecke; nennen wir sie A, B, C, D. Daraus kann man 6 verschiedene Paare bilden (AB, AC, AD, BC, BD, CD).
- 4 große Dreiecke, bestehend aus je 2 kleinen Dreiecken → 6 Paare
- 2 X-Figuren, bestehend aus je 2 kleinen Dreiecken → 1 Paar
- 4 M-Figuren, bestehend aus je 3 kleinen Dreiecken → 6 Paare
Macht zusammen 19 verschiedene Paare.

7.2 Kongruenz von Dreiecken

 Übung 1 (Seite 71)

a) Ja, wegen SSS b) Ja, wegen WSW c) Ja, wegen SWS d) Ja, wegen SWW
e) Ja, wegen SsW f) Nein g) Nein
Bei f) und g) stimmt die Lage der Seiten und Winkel in beiden Dreiecken nicht überein.

 Übung 2 (Seite 71)

SWS weil $\overline{PM} = \overline{QM} = \overline{RM} = \overline{SM} = r$ und α = β (Scheitelwinkel)
→ $\overline{RS} = \overline{PQ}$

Übung 3 (Seite 71)

a) $\triangle ABM \cong \triangle CDM$, z.B. wegen SSS ($\overline{AM} = \overline{MC}$, $\overline{BM} = \overline{MD}$, $\overline{AB} = \overline{DC}$)
   Auch andere Begründungen (SWS, WSW, SWW) sind möglich.
   Ganz analog: $\triangle BCM \cong \triangle DAM$ wegen SSS, SWS, WSW oder SWW.
b) $\triangle ABC \cong \triangle ACD$ und $\triangle ABD \cong \triangle BCD$, z.B. wegen SSS.

7.3 Dreieckskonstruktionen

Übung 1 (Seite 73)

a) Nein; die Angaben entsprechen keinem Kongruenzsatz.
b) Nein; die Angaben widersprechen der Dreiecksungleichung.
c) Nein; die Winkelsumme stimmt nicht.
d) Nein; die Angaben entsprechen keinem Kongruenzsatz.
e) Ja; die Angaben entsprechen SWS.

Übung 2 (Seite 73)

Die Dreiecke werden hier verkleinert dargestellt.

a) 1. Antragen von [AB] mit $\overline{AB} = c$
   2. C liegt auf
      • k (A; b)
      • k (B; a)

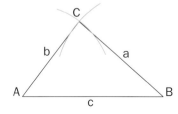

b) 1. Antragen von [AB] mit $\overline{AB} = c$
   2. C liegt auf
      • dem freien Schenkel des Winkels α, der in A an [AB] angetragen wird
      • k (A; b)

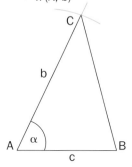

c) 1. Antragen von [AB] mit $\overline{AB} = c$
   2. C liegt auf
      • dem freien Schenkel des Winkels α, der in A an [AB] angetragen wird
      • dem freien Schenkel des Winkels β, der in B an [AB] angetragen wird

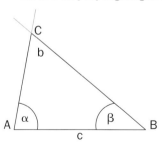

d) 1. Antragen von [BC] mit $\overline{BC} = a$
   2. A liegt auf
      • dem freien Schenkel des Winkels β, der in B an [BC] angetragen wird
      • k (C; b)

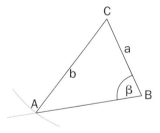

e) 1. Antragen von [BC] mit $\overline{BC} = a$
   2. A liegt auf
      - dem freien Schenkel des Winkels β, der in B an [BC] angetragen wird
      - k (C; b)

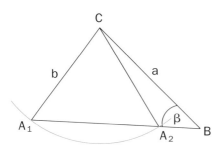

Es gibt zwei Schnittpunkte A_1 und A_2 und damit zwei Lösungen, A_1BC und A_2BC. (Die Angaben entsprechen keinem Kongruenzsatz, weil der Winkel der kleineren Seite gegenüberliegt.)

7.4 Das gleichschenklige Dreieck

f) 1. Konstruktion von α als Nebenwinkel von $\beta + \gamma$
   2. Antragen von [AC] mit $\overline{AC} = b$
   3. B liegt auf
      - dem freien Schenkel des Winkels α, der in A an [AC] angetragen wird
      - dem freien Schenkel des Winkels γ, der in C an [AC] angetragen wird

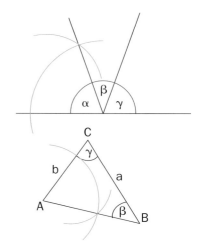

 Übung 1 (Seite 74)

a) $\alpha = \gamma = 60°$ b) $\beta = \gamma = 30°$ c) $4\alpha = 180°$ $\alpha = 45°$

 Übung 2 (Seite 74)

Abweichungen von ± 0,2 cm oder ± 2° sind noch akzeptabel.

a) $\overline{AC} = 3,5$ cm   b) $\overline{CB} = 8,5$ cm   c) $\beta = 53°$ d) $\overline{AC} = 4,8$ cm

  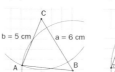

 Übung 3 (Seite 74)

$\beta_1 = 52,5°$; $\delta = 127,5°$

 Übung 4 (Seite 75)

Z.B. so:

(verkleinerte Darstellung)

Übung 5 (Seite 75)

a) und f) falsch; b) bis e) wahr

7.5 Das rechtwinklige Dreieck

Übung 1 (Seite 76)

a) Z.B. mit Thaleskreis über [AB] $\overline{AC} = 8{,}0\,\text{cm}$
b) Z.B. mit Thaleskreis über [AB] $\overline{AC} = 3{,}5\,\text{cm}$
c) Konstruktion nach SWS $\overline{BC} = 5{,}0\,\text{cm}$
d) C liegt auf dem Thaleskreis über [AB] und auf der y-Achse. $\overline{BC} = 5{,}5\,\text{LE}$
e) Z.B. so: A liegt auf dem Thaleskreis über [BC] und auf der
    Symmetrieachse (Mittelsenkrechten) zu [BC]. $\overline{AC} = 5{,}7\,\text{cm}$
Abweichungen bis $\pm\,0{,}2\,\text{cm}$ sind normal.

Übung 2 (Seite 77)

Der Fahnenmast ist 6,9 m hoch.

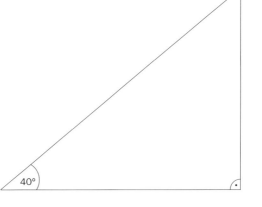

Übung 3 (Seite 77)

B_1 und B_2 liegen auf k (M; r) und auf dem
Thaleskreis über [PM].

$\overline{PB_1} = \overline{PB_2} = 6{,}9\,\text{cm}.$

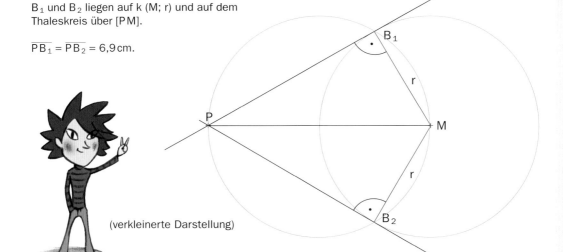

(verkleinerte Darstellung)

Übung 4 (Seite 77)

Die Bäume stehen in A und B. Von den Punkten des Thaleskreises über [AB] sieht man die Bäume unter rechtem Winkel, vom Kreisinneren des Thaleskreises unter stumpfem Winkel. Der Thaleskreis ist also die Grenze des Grundstücks. Der Schweinehirt wird zunächst in der Mitte zwischen A und B einen Pflock einschlagen und daran ein Seil der Länge $\frac{1}{2}\overline{AB}$ befestigen. Wenn er am gespannten Seil den Pflock umrundet, begeht er den Thaleskreis und kann so die Grenze markieren.

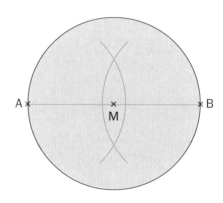

Abschlusstest

Aufgabe 1 (Seite 78)

Maßstab 1:1000 heißt 1 cm entspricht 10 m.

Der Fluss ist 60 m breit (bei Abweichungen bis ± 2 m: 2 Punkte, bis ± 4 m: 1 Punkt)

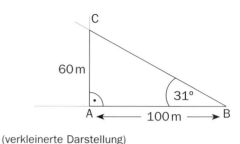

(verkleinerte Darstellung)

Aufgabe 2 (Seite 78)

a) Ja, wegen WSW   b) Ja wegen SsW (dem größeren Winkel liegrt die größere Seite gegenüber; $\alpha = \gamma' = 100°$ ist der größte Winkel → a = c' ist die größte Seite.

Für jede falsche oder fehlende Antwort 1 Punkt Abzug, bis 0 Punkte.

Aufgabe 3 (Seite 78)

a) Nein, weil die Angaben keinem Kongruenzsatz entsprechen.
b) Nein, weil die Dreiecksungleichung nicht erfüllt ist.

Aufgabe 4 (Seite 78)

β kann wegen seiner Größe nur der Winkel sein, der den beiden gleichen Winkel gegenüberliegt.

$\overline{AB}$ = 5,2 cm
(bis ± 0,2 cm: 2 Punkte, bis ± 0,4 cm: 1 Punkt)

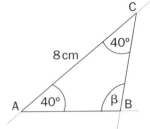

8.1 Mittelsenkrechte, Seitenhalbierende und Umkreis

Übung 1 (Seite 80)

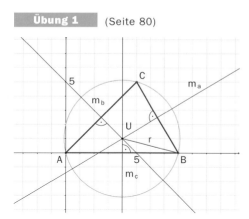

U(4,0|1,0); r = 4,1 LE

Übung 2 (Seite 80)

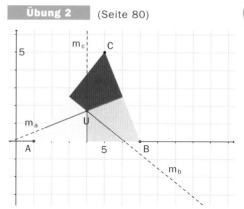

Die Grenzen liegen auf den
Mittelsenkrechten des Dreiecks.

Übung 3 (Seite 80)

Der Umkreis ist der Thaleskreis über der Hypotenuse [AB].
→ U(3|0); r = 3 LE.

Übung 4 (Seite 80)

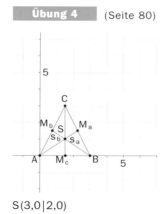

S(3,0|2,0)

Übung 5 (Seite 81)

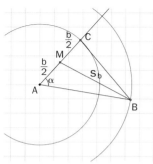
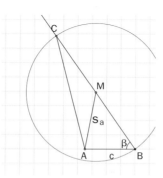
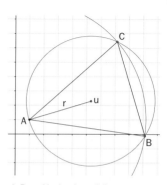

a) Teildreieck ABM konstruieren;
   C liegt auf [AM und k(A; b).
   a = 5,5 cm

b) Teildreieck ABM konstruieren;
   C liegt auf [BM und k(M; $\overline{BM}$).
   b = 8,1 cm

c) Den Umkreis zeichnen;
   A auf dem Umkreis beliebig
   wählen. B und C liegen auf
   dem Umkreis und auf k(A; b).
   a = 6,8 cm

8.2 Höhen

 Übung 1 (Seite 82)

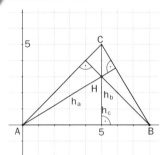

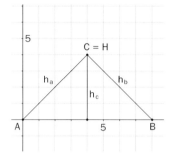

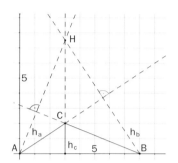

a) $h_a = 6{,}9\,LE$; $h_b = 5{,}7\,LE$;
$h_c = 5{,}0\,LE$; $H(5{,}0\,|\,3{,}0)$

b) $h_a = 5{,}7\,LE$; $h_b = 5{,}7\,LE$;
$h_c = 4{,}0\,LE$; $H(4{,}0\,|\,4{,}0)$

c) $h_a = 3{,}0\,LE$; $h_b = 4{,}4\,LE$;
$h_c = 2{,}0\,LE$; $H(3{,}0\,|\,7{,}5)$

 Übung 2 (Seite 82)

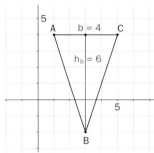

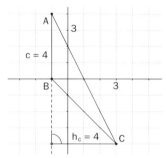

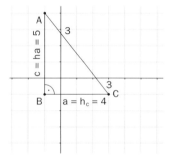

a) $h_b = 6\,LE$; $A = 12\,FE$

b) $h_b = 2\,LE$; $A = 8\,FE$

c) $h_a = 5\,LE$; $A = 10\,FE$
oder $h_c = 4\,LE$

 Übung 3 (Seite 83)

a) [AB] zeichnen; C liegt auf der
Parallelen zu [AB] im Abstand
4 cm und auf k(A; b). Wenn du
die Parallele mit dem Geodreieck zeichnest, brauchst du
eine Hilfsparallele in kleinerem
Abstand.

b) [BC] zeichnen; A liegt auf der
Parallelen zu [BC] im Abstand
3 cm und auf dem freien
Schenkel von γ.

c) [AB] zeichnen; C liegt auf
dem Thaleskreis über [AB]
und auf der Parallelen zu
[AB] im Abstand 2 cm.
Es gibt zwei Lösungen.

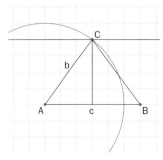

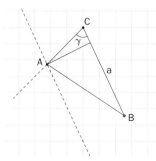

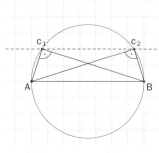

a = 5,0 cm

c = 5,8 cm

a = 6,7 cm oder a = 2,1 cm

Übung 4 (Seite 83)

Dreieck konstruieren, z.B. im Maßstab 1:100. h = 5,4 m. Antwort: Nein, weil die Dreieckshöhe größer als 3,50 m ist.

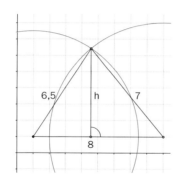

Übung 5 (Seite 83)

b), c) und e) sind wahr, a) und d) sind falsch.

8.3 Winkelhalbierende und Inkreis

Übung 1 (Seite 84)

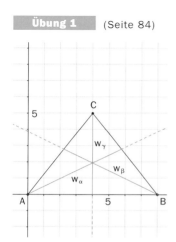

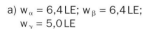

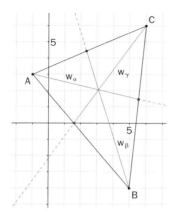

a) $w_\alpha = 6{,}4$ LE; $w_\beta = 6{,}4$ LE; $w_\gamma = 5{,}0$ LE

b) $w_\alpha = 6{,}7$ LE; $w_\beta = 8{,}8$ LE; $w_\gamma = 7{,}5$ LE

Übung 2 (Seite 84)

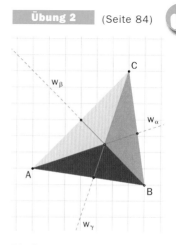

Die Grenzen liegen auf den Winkelhalbierenden.

Übung 3 (Seite 85)

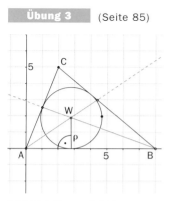

W(2,8|1,9); $\rho = 1{,}9$ LE

Übung 4 (Seite 85)

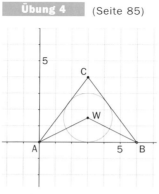

C(3,0|4,0)

LÖSUNGEN

 Übung 5 (Seite 85)

a) Teildreieck ABD mit c, $\frac{\alpha}{2}$ und w_α konstruieren. C liegt auf [BD und auf dem freien Schenkel von $\frac{\alpha}{2}$, angetragen an [AD in A.

b) Teildreieck ABD mit c, α und w_β konstruieren. C liegt auf [AD und auf dem freien Schenkel von $\sphericalangle$ DBA = $\frac{\beta}{2}$, angetragen an [DB] in B.

c) $\delta = 180° - \frac{\alpha}{2} - \gamma = 95°$ Teildreieck ADC mit w_α, $\frac{\alpha}{2}$ und δ konstruieren. B liegt auf [CD und auf dem freien Schenkel von $\frac{\alpha}{2}$, angetragen an [AD in A.

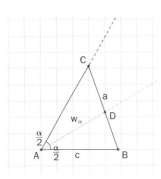

a = 5,5 cm

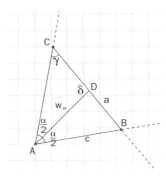

a = 6,7 cm

a = 8,5 cm

 Übung 6 (Seite 85)

a) bis c) sind falsch, d) ist wahr.

Abschlusstest

 Aufgabe 1 (Seite 86)

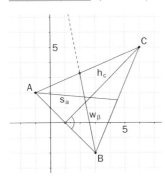

a) $s_a = 5,5$ cm
b) $w_\beta = 5,4$ cm
c) $h_c = 7,1$ cm

Für jede richtige Antwort (mit Abweichung bis ± 0,2 cm) gibt es einen Punkt.

Aufgabe 2 (Seite 86)

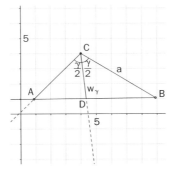

$\triangle$ DBC konstruieren mit a, $\frac{\gamma}{2}$ und w_γ nach SWS. A liegt auf [BD und auf dem freien Schenkel des Winkels γ, angetragen an [BC oder $\frac{\gamma}{2}$, angetragen an [DC in C). b = 4,3 cm. (Bei Abweichungen bis ± 0,3 cm 4,

Aufgabe 3 (Seite 86)

a) Im Schnittpunkt der Winkelhalbierenden (= Inkreismittelpunkt).

b) im Schnittpunkt der Mittelsekrechten (= Umkreismittelpunkt)

9.1 Mittelwert und relative Häufigkeit

Übung 1 (Seite 88)

Mittleres Gewicht: $(790\,\text{kg} - 500\,\text{kg}):10 = 29\,\text{kg}$

Übung 2 (Seite 88)

Notendurchschnitt $(2 \cdot 1 + 5 \cdot 2 + 5 \cdot 3 + 4 \cdot 4 + 3 \cdot 5 + 1 \cdot 6):20 = 3,2$

Übung 3 (Seite 88)

$(10 \cdot 0 + 3 \cdot 5 + 2 \cdot 10 + 1 + 1,50 + 2 + 2,50 + 3 + 4,20 + 4,50 + 5,50 + 5,80 + 6)\, €:25 = 2,84\,€$
Die durchschnittliche Spende pro Haushalt beträgt 2,84 €.

Übung 4 (Seite 88)

a) $\bar{x} = (0 + 6 + 3):3 = 3$; $\bar{y} = (0 + 0 + 6):3 = 2 \rightarrow P(3\,|\,2)$
b) In Kap. 8.1, Übung 4 sollte der Schwerpunkt dieses Dreiecks konstruiert werden.
Bei genauer Zeichnung sollte er mit P übereinstimmen. → Antwort: Ja

Übung 5 (Seite 89)

a)

Note	1	2	3	4	5	6
H	2	5	5	4	3	1
h	10 %	25 %	25 %	20 %	15 %	5 %

b)

c)

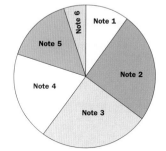

Übung 6 (Seite 89)

a)

	Lukas	Tobias	Dragomir
h	$\frac{15}{20} = 75\,\%$	$\frac{12}{15} = 80\,\%$	$\frac{7}{10} = 70\,\%$

Tobias ist der beste.

Übung 7 (Seite 89)

a) $h = \frac{20}{100} = 20\%$

b) Man würde erwarten, dass alle Augenzahlen gleich häufig auftreten, nämlich ($100:6 = 16\frac{2}{3}$)
16 bis 17 mal. Antwort: mehr.

9.2 Wahrscheinlichkeit

Übung 1 (Seite 90)

Ω = {Meike gewinnt; Oliver gewinnt; Remis}

Übung 2 (Seite 90)

Ω = {rot; gelb; grün}

Übung 3 (Seite 90)

A = {1; 3; 5}; B = {2; 3; 5}; C = {1; 2; 3; 6};

D = {1; 2; 3; 5; 6}; E = { };

Übung 4 (Seite 91)

D = „keine 4" = {1;2; 3; 5; 6}; |D| = 5;

$P(D) = \frac{5}{6} \approx 0{,}833 = 83{,}3\%$

Übung 5 (Seite 91)

Bei einer durchaus möglichen Ergebnismenge Ω = {Gewinn; Verlust} sind die Ergebnisse nicht gleich wahrscheinlich, d. h. man darf die Laplace-Formel nicht verwenden. Lisas Behauptung ist falsch.

Übung 6 (Seite 91)

10 Ergebnisse sind möglich, 3 davon sind gelb

$\rightarrow$ P („gelb") = $\frac{3}{10} = 0{,}3 = 30\%$

(Die Ergebnismenge von Übung 2 ist hier
ungeeignet, weil diese Ergebnisse nicht
gleich wahrscheinlich sind.)

Übung 7 (Seite 91)

E = {WZ; ZW; ZZ}; |E| = 3; $P(E) = \frac{3}{4} = 0{,}75 = 75\%$

Abschlusstest

Aufgabe 1 (Seite 92)

a) $\frac{15}{25} = 60\%$ b) $\frac{9}{25} = 36\%$ c) $\frac{4}{25} = 16\%$ d) $\frac{5}{8} = 55{,}6\%$

e) Anteil der Radfahrer unter den Mädchen: $\frac{5}{15} = 33{,}3\%$, unter den Jungen: $\frac{4}{10} = 40\%$
Antwort : „kleiner"

Aufgabe 2 (Seite 92)

a) relative Häufigkeit
b) Teilmenge
c) gleich wahrscheinlich

Aufgabe 3 (Seite 92)

a) P(rot) = $\frac{1}{8}$ = 12,5%; b) P(blau) = $\frac{2}{8}$ = 25%; c) P(weiß) = $\frac{5}{8}$ = 62,5%

d) P(ungerade Zahl) = $\frac{4}{8}$ = 50%; e) P(rot oder blau) = $\frac{3}{8}$ = 37,5%

Stichwortfinder

Bildnachweis
DigitalStock: Seite 9 © H. Richter; Seite 32 © J. Wiesler. **PantherMedia:** Seite 12 © Ursula Jacobs; Seite 57 © Robert Kneschke; Seite 58 © Tim Bromberg; Seite 93 © Robert Kneschke. **PHOTOCASE:** Seite 5 © sushi100; Seite 15 © Inuit; Seite 35 © codswollop; Seite 49 © french_03; Seite 52 © .lu; Seite 60 © mathias the dread; Seite 63 © muffinmaker; Seite 69 © concoon; Seite 79 © lily; Seite 87 © complize. **Shutterstock:** Seite 10 © Jeffrey Van Dale; Seite 41 © Phsenicka; Seite 59 © Konstantin Remizov; Seite 67 © aliciahh. **Bildarchiv Langenscheidt:** Seite 25